데이터 쓰기의 기술

데이터 쓰기의 기술

차현나 지음

따라 하면 끝나는 단계별 데이터 분석 10

청림출판

데이터로 변화를 만들고 싶다면

《데이터 읽기의 기술》을 읽은 많은 분들이 이런 이야기를 전해
왔다.

"이제 데이터가 중요한 건 알겠어요. 그런데, 지금부터 뭘 해
야 되죠?"

몇 년 전부터 하고 싶었던 이야기를 담은 책이고, 할 수 있는
이야기는 다했다고 생각했는데, 그게 아니었다. 데이터를 분석
하고 싶어 하는 사람들의 바람은 다양했고, 첫걸음부터 배우고
싶어 하는 사람도 많았다.

어떤 사람들은 데이터에 관련된 책이라면 새로운 기술이나 분석을 위한 코딩을 가르쳐줄 것이라고 기대한다.《데이터 읽기의 기술》에서 '초보자도 쉽게 하는 머신러닝'과 같은 기술 내용이 없다는 것에 적잖이 실망하는 분도 있으리라 생각한다. 사실 데이터 기술과 관련해서는 나보다 더 기술에 해박한 전공자가 잘 작성한 책과 강의가 이미 많다. 그런 책들과 차별되는 기술서적을 쓰는 것이 이 책의 목표는 아니다.

통계 관련 전공서적 한 권, 최신 기술서적 한 권을 잘 읽은 후에 동영상 강의를 통해 어떻게든 직접 코딩을 해보면 된다. 실제로 내가 만난 이들 중에는, 이런저런 무료 정보의 숲에서 '어떻게든 해보다 보니 코딩은 조금 하게 되었는데, 실제로 어떻게 적용해야 할지 모르겠다'는 사람이 많다. 이 책은 이들에게 해줄 수 있는 이야기다. 안타깝게도 실제로 관련 강의를 찾아보거나 데이터 관련 코딩을 한 번도 해보지 않고 시간과 노력은 투자하지도 않은 채, 책 한 권으로 데이터 전문가가 되기를 바라며 지름길을 찾는 이들에게 해줄 조언은 없다. 세상의 많은 일이 그러하듯이.

기술 자체는 중립적이다. 기술을 습득하는 것과 그 기술이 우리 생활에 도움이 되는 것은 별개의 문제다. 엑셀을 예로 들면, 엑셀을 잘 다루는 것, 엑셀을 활용해 가계부를 쓰는 것, 가계부를 써서 소비 생활이 개선되는 것은 다 연결되어 있지만 별도의 사건이다. 무작정 엑셀을 배웠다고 해서 어떤 변화가 일어나는 건 아니다. 실제로 소비 생활을 개선하기 위해 매일의 씀씀이를 기록하고, 그 기록을 항목별로 나누고, 항목별로 쉽게 계산하기 위해 엑셀을 배우는 것. 이것이 데이터 분석을 위해 기술을 배우는 것과 유사한 이치라고 생각한다.

《데이터 읽기의 기술》과 마찬가지로, 이 책도 이러한 변화를 이끄는 데 데이터를 활용하고 싶어 하는 사람을 위한 내용으로 구성했다. 기술을 알려주는 책은 많다. 기술 자체도 의미 있고, 기술을 배워서 새로운 시도를 하는 훌륭한 사람도 많다. 그러나 우리가 모두 기술 전문가가 될 수는 없으며, 기술 전문가가 되려면 많은 시간을 들여 역량을 끌어올리는 수밖에 없다.

이 책은 '데이터를 현실에 적용하고 싶은 사람들'에게 좀 더 도움을 주려고 한다. 자기 일을 하면서 좀 더 나은 방식으로 의사결정을 하고 싶은 사람, 데이터와 기술을 통해 실제 생활에 변화를 조금이라도 만들어보고 싶은 사람에게 들려주고 싶은 이야기를 담았다.

물론 내 이야기가 정답은 아니다. 더 나은 방법이 있을 것이고, 이 책을 읽은 분들이 각자에게 맞는 더 좋은 방식을 찾을 수도 있을 것이다. 다만 회사에서 실제 데이터를 분석하고 의사결

> 엑셀 자체를 배우는 것보다 중요한 건, 어떤 일을 할 때 엑셀을 사용해서 도움
> 이 얻는 것이 아닐까. 신용카드, 현금, 모바일이나 온라인의 페이먼트 등 다양
> 한 지불수단을 사용했던 내역을 내 기준에 맞춰 가계부에 정리하고 싶을 때가
> 있다. 꼭 엑셀을 사용하라는 이야기는 아니다. 내 지출 항목을 보기 쉽게 정리
> 해주는 앱도 많다.

정에 반영하면서 작은 변화를 이끌었던 내 이야기를 담담하게
전하려고 한다.

데이터와 친한데도 어떻게 쓸지 모르는 사람들

우리나라에서 웬만한 대학생은 엑셀을 다룰 줄 안다. 한국의 회
사원은 어떤 분야에서 일하든 한 번쯤은 '데이터 분석'을 경험
한다. '데이터 표'를 다루어본 사람은 아무리 낮은 수준이라도
데이터 분석을 경험했다고 볼 수 있고, 그 경험을 기반으로 '더

나은 분석을 하고 싶다'고 생각할 수 있다. 이런 나라는 어디에
도 없다.

우리나라 사람들은 이렇게 데이터 친화적이면서도, 실제로 데
이터를 활용하는 데에는 또 소극적이다. 데이터는 대부분 숫자
로 표현되는데, 이 숫자들은 보통 성과, 객관성, 평가 등과 연관
이 깊다. 성적과 순위 매기기에 시달리는 현대인에게 데이터는
또 다른 스트레스로 다가온다. 데이터가 도입되지 않은 분야에
데이터를 들이밀면, 자신이 감추고 싶었던 것이 드러날 것이라
는 막연한 두려움이 있다. 자신의 일이 몇 개의 숫자로 평가절하
되고, 자신의 경험과 감이 주관적인 편견으로 여겨질지 모른다
고 생각한다. 이런 경향은 많은 기업에서 실제로 일어나는 일이
기도 하다. 숫자와 지표로 객관화한다는 명목하에, 다양한 관점
이 덜 중요하게 여겨지고 의미가 퇴색되기도 한다.

이렇게 복잡 미묘한 마음을 가진 채, 사람들은 데이터를 마주
한다. 데이터가 내 편이었으면 좋겠지만, 데이터가 나를 평가하
는 것은 싫다. 데이터를 잘 다루고 싶은데, 막연하고 어려워 보
여서 쉬운 길을 찾고 싶다. 데이터를 가지고 논리 정연하게 말하
고 싶은데, 내가 추구하는 가치가 수치화될 수 없는 같아 두렵다.

데이터는 나를 돕는 도구로 활용해야지, 나를 평가하는 도구
로 남겨둬서는 안 된다. 데이터가 알려주는 단서를 통해 더 나

은 의사결정을 하고, 시장과 소비자에게 도움이 되도록 활용해야 한다. 막연하게 느껴지는 데이터에 대한 어려움을 조금씩 극복해나가는 자세가 필요하다.

잘 디자인한 데이터가 쓰기도 좋다

학창 시절, '실험 설계'와 관련된 수업을 많이 들었다. 실험 설계의 예로, 어떤 현상을 통계적으로 증명하기 위해 특정 부분에는 특별한 처치를 하고 아무런 처치를 하지 않은 그룹과 비교하는 것이 있다. 머릿속에 떠오른 가설을 증명하기 위해 살펴보아야 할 전체 그림과 통계적인 증명을 포함하는 내용이다. 학생의 입장에서는 논문의 전체 구조를 잡는 데 도움이 되는 수업들이었다.

회사에서도 실험 설계를 할 필요가 있다. 회사에서 논문을 쓰라는 얘기가 아니다. 회사에서 어떤 의사결정을 하거나 소비자를 이해하거나 실적을 바라볼 때, 다각도로 살펴볼 전체 그림을 그려보아야 한다는 것이다. 이 전체 그림에서 데이터의 역할은 절대적이다. 다양한 종류의 데이터가 여러 현상을 설명해줄 것이고, 이 낱개의 현상들을 하나의 문장으로 단정하기 전에 또 다

코끼리 그림이 있다. 이 그림의 일부분만 본 사람은 이 그림이 코끼리인 줄 모른 채 긴 원형의 코인지, 다리인지, 꼬리인지, 귀인지를 말할 것이다. 우리는 어렴풋하게나마 코끼리를 그릴 수 있어야 한다.

른 측면은 없는지 살펴보아야 한다.

기업이 이해해야 하는 소비자는 코끼리와 같다. 소비자의 어떤 한 면만 보고 단정해서는 안 된다. 작년의 소비자가 올해의 소비자와 다를 수도 있다. 소비자의 전체 모습을 이해하려면 매우 다양한 조건과 측면을 살펴보아야 한다.

데이터는 소비자가 남긴 흔적을 말해준다. 소비자가 어떤 환경에서 구매를 하는지(하지 않는지), 제품의 어떤 부분이 바뀌었을 때 더 많은 판매가 일어나는지(일어나지 않는지), 매장이나 위치나 소비자 특성 등 모든 것이 다 데이터이자 판단을 내리기 위한 조건이다.

그런데 하나의 지표, 즉 데이터의 한 단면만 보면 잘못된 판단을 내리기 쉽다. 오히려 데이터를 보지 않느니만 못한 상황이 일어나기도 한다. 경험과 오감을 사용해 내린 결론보다, 하나의 지표만 보고 내린 결정이 더 잘못될 수 있다.

잘못된 의사결정을 피하려면 데이터를 디자인해야 한다. 자신이 궁금한 것, 프로젝트 방향, 의사결정해야 할 사안들을 확인하기 위해 데이터를 보는 방법에 대한 계획을 세워보는 것이다.

이 책에서는 어떻게 데이터를 활용하는지 설명하기 위해, 주로 데이터 디자인을 이야기하고자 한다.

1장에서는 데이터를 디자인하는 방법, 실험 설계와 '생각 쪼개기' 방법을 설명한다.

2장에서는 데이터 결과물로 변화를 이끌어내기 위해 타인을 설득하는 데이터 스토리텔링을 다룬다. 코끼리 퍼즐 조각 같은 데이터를 모았다면, 코끼리 그림을 그려서 사람들에게 설명을 해주어야 한다. 기업이 웹/앱을 통한 플랫폼 비즈니스를 하는 경우가 아닌 이상, 데이터 결과물이 기업 매출과 직결되는 제품이나 매장에 반영되도록 의사결정에 도움을 주어야 한다. 이런 의사결정을 위한 데이터 스토리텔링 작업을 잘할수록 데이터 결과물이 시장으로 나아갈 확률이 높아진다.

3장에서는 실제 데이터로 의사결정을 하는 과정을 이야기하고자 한다. 나는 데이터로 의사결정을 하는 몇 개의 기업에서 실제적인 변화를 경험했다. 이 변화의 중심에서 느꼈던 데이터 사이언티스트의 역할과 기업 내 관계를 서술했다. 모든 기업에 적용되지는 않겠지만, 내 경험과 동종 업계 데이터 전문가들의 경험을 종합하여 여러 기업에서 공통적으로 일어날 수 있는 일을 다루었다.

4장에서는 데이터 디자인을 실제로 적용하는 방법을 이야기한다. 《데이터 읽기의 기술》에서 나왔던 이야기 중 10개 케이스에 데이터 디자인을 적용했다. 회사에서 실제로 경험한 사례를 바탕으로 썼으나, 특정 기업 및 제품을 언급하지 않기 위해 각색을 거쳤다. 독자들에겐 실제 기업의 구체적인 이야기가 더 흥미로울 것이나, 기업의 영업비밀에 대한 언급이나 나 혼자만의 성과가 아닌 일을 포장하여 말하는 것은 지양하고자 한다.

이 책이 데이터를 실제적인 변화에 활용하고자 하는 사람에게 조금이라도 도움이 되기를 바란다. 이 책에 나오는 예시들은 특정 기업이나 특정 인물을 서술하는 것이 아님을 밝힌다.

Contents ——

Chapter 1. ———

데이터 디자인
: 질문하고 쪼개고 찾고 분석한다

Chapter 2.

데이터 스토리텔링

: 이야기로 사람들을 설득한다

Chapter 3.

데이터 기반 의사결정

: 실제로 적용하고 변화를 만들어낸다

Chapter 1.

데이터 디자인
질문하고 쪼개고 찾고 분석한다

1

질문하기

궁금한 것이 있어야 데이터 분석이 시작된다

내가 데이터 프로젝트를 시작할 때 가장 먼저 하는 일은, 이 프로젝트에 연결된 기존 자료를 찾고 관련된 사람들을 인터뷰하는 것이다. 인터뷰를 하는 이유는 그들이 무엇을 궁금해하고 어떤 점을 어려워하는지 듣기 위해서다. "이 데이터 주세요"보다 더 좋은 인터뷰는, "이것이 궁금해요"다. 그런데 인터뷰를 해보면 미리 질문을 가지고 있는 사람이 생각보다 많지 않다.

흔한 말로, 좋은 분석은 질문에서 시작된다. 제대로 된 질문이어야 한다는 것은 아니다. 어떤 것이든 좋으니, 궁금한 것이 있어야 한다는 말이다.

궁금한 것이 없는 사람들은 데이터 분석을 시작할 수가 없다. 궁금하지 않은데 왜 데이터를 찾고 분석하고 현상을 파악하겠는가?

궁금하지 않은 이유는 다양하지만 간단하다. 관심이 없거나, 지금 상황에 만족하기 때문이다. 지금 상황에 별생각이 없으니 바꾸고 싶은 것도 없고, 나아지고 싶은 것도 없고, 문제점도 보이지 않는다. 지금 하는 일에 아무것도 궁금하지 않다면, 이 일을 하는 것 자체가 즐겁지 않을 확률이 높다.

부정적인 질문이나 관점이라도 괜찮다. 일단 궁금한 것이 있다면 데이터 분석의 실마리를 잡을 수 있다. 데이터를 전혀 몰라도 되고, 데이터로 생각하지 않아도 된다. 일단 일어난 현상에 대한 궁금증이 가장 중요하다.

분석은 생각을 촘촘하게 채워가는 과정이다

데이터 분석은 논리와 맞닿아 있다. 기술과 통계지식이 뛰어나지 않아도, 논리적인 사고를 하는 사람이 데이터 분석을 잘할 확률이 높다. 데이터 분석은 기술, 통계, 수학과 관련되어 있지만,

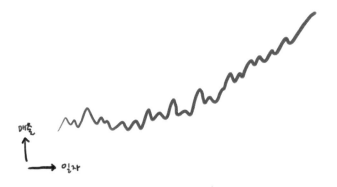

x축이 시계열, y축이 매출인 차트에 익숙한 사람이 많을 것이다. 왜 저 시점에 매출이 올랐고 떨어졌는지 궁금해야 매출 분석을 시작할 수 있다. 궁금하지 않은 이들에게 이 차트는 그저 숫자와 선일 뿐이다.

분석을 시작하려면 질문이 많아야 한다. 질문은 아는 것과 모르는 것을 명확히 하고 모르는 부분을 채워가는 시작점이다. 질문이 있다는 건 "왜 이런 일이 일어나는 거지?", 즉 자신이 모르는 점에 대한 호기심이 생겼다는 의미다.

모르는 것을 채워가면서 생각을 단계적으로 분류하고 명확하게 만들 수 있다. 머릿속에 흘러가는 아이디어를 손으로 적어보거나, 다른 사람에게 설명하거나, 자신만의 방법으로 단순화할 필요가 있다. 나는 시각화를 하는 경우가 많은데, 펜으로 적어가면서 시작점을 정리한다. 시작할 땐 뭘 알고 뭘 모르는지 모르기 때문에, 일단 과거 자료나 일반 수치부터 찾아보는 편이다.

이를테면 일간 매출을 라인 차트로 만들어놓은 대시보드가 있다고 하자. 매일 수치가 들어오기 때문에 눈여겨보지 않으면 '어제보다 매출이 이만큼 떨어졌네', '전달보다 매출이 이만큼 올랐네'라고 생각하고 넘어가기 십상이다. 그리고 매출이 올랐는데도 질문을 하지 않고 넘어가는 경우가 있다. '잘되고 있다'고 기존 방식으로 판매에 박차를 가하거나 만족할 때가 더 많다.

그런데 이 차트를 보고 어떤 궁금증이 생기면 거기서부터 분석이 시작된다.

'판매 방식도 그대로고, 마케팅 채널을 바꾼 것도 아닌데, 왜 이렇게 매출이 올랐을까?'

부정적인 질문처럼 보이겠지만, 여기서 데이터 분석이 시작된다.

문장 쪼개기

비전문가에게 가장 유용한 사고방식 훈련

"데이터 분석을 잘하려면 뭐부터 해야 하나요?"

학생이나 사회 초년생이 이런 질문을 하는 경우, 내가 하는 답변 중 하나는 다음과 같다.

"문장을 쪼개는 연습을 해보세요."

문장을 쪼갠다는 것은, 머릿속에 떠오른 질문을 데이터 단위로 분해하는 것이다. 이는 분석을 시작할 때 매우 유용하며, 데이터를 잘 모르는 사람도 연습할 수 있다. 이 연습을 통해 데이터 분석뿐 아니라 실험 연구 등의 단초가 되는 사고방식을 훈련

일상적인 대화 속에 나타나는 문장을 데이터로 바꾸는 연습을 해보는 것이 가장 좋다. 이 데이터 사고가 되지 않으면 새로운 분석을 시작하기 어렵다.

할 수 있다.

지금부터 질문 쪼개기 예시를 다양하게 보여주고자 한다. 이 질문 쪼개기만 잘해도, 앞으로 데이터 분석, 보고서 작성, 논문 작성시 추진력을 얻게 될 것이다.

휴가를 준비하던 당신이 선글라스를 하나 샀다. 친구가 그 선글라스를 보고 어디서 샀느냐고 물어봤다. 당신은 이렇게 대답했다.

"요즘 잘 나가는 ○○마켓이 있어. 거기서 다른 데보다 저렴하게 팔더라고."

이 문장을 구성하는 단어들을 데이터 단위로 쪼갤 수 있다.

- **요즘**: 요즘이란 언제부터 언제까지인가? 몇 년, 몇 달, 혹은 몇 주나 며칠로 표현할 수 있는가?
- **잘 나가는**: 잘 나간다는 것은 무슨 의미인가? 매출 규모가 크다는 것인가? 매출 순위나 성장률이 높다는 것인가? 어느 집단 내에서 잘 나간다는 것인가? 한국인가, 서울인가? 혹은 특정 연령층이 많이 사용하는 웹/앱인가?
- **다른 데보다**: ○○마켓의 경쟁업체는 어디인가? ○○마켓과 유사한 매장은 무엇이 있는가? 선글라스를 파는 모든 매장인가, 특정 브랜드를 파는 곳인가, 아니면 멀티숍인가?
- **저렴하게**: 얼마나 싸다는 것인가? 평균 가격 대비 싼 것인가? 전 세계 비교 가격 중에 가장 싼가? 온/오프라인 최저가인가? 정품 취급 업체 중에서 저렴하다는 것인가? 모든 선글라스를 저렴하게 파는가? 다른 제품은 다 비슷한데 이 제품만 저렴한가? 특정 기간에만 저렴하게 파는가?

프로젝트에 맞추어, 이 질문 중 필요한 사항을 데이터로 증명하는 과정이 바로 생각의 구멍을 메워가는 과정이 될 것이다.

데이터라는 건 신기하게도, 하나의 질문을 채우고 나면 또 다른 궁금증이 생긴다. 때로는 그 과정을 멈추고 일단락 지어야 할 때가 있을 정도다. 꼬리에 꼬리를 무는 모든 질문에 답을 하다 보면 오히려 길을 잃을 때가 있기 때문에, 프로젝트의 규모와 기간에 맞추어 데이터 결과물을 정리하는 것이다. 때로는 멈추어 호흡을 고르고, 다음 분석을 기획하는 것이 필요할 때도 있다.

일상에서 문장 쪼개기 연습하기

다른 문장으로 문장 쪼개기를 연습해보자. 회사가 아닌 일상생활에서도 이 연습은 가능하다. 어린 아이를 떠올려보면 누구나 호기심과 질문이 가득하던 시절이 있다는 것을 알 수 있다.

"하늘은 왜 파래?"

아이들의 이러한 질문에 답해주는 책이 따로 있을 정도이니 말이다. 사람이 말하는 일반적인 문장도 얼마든지 과학적으로나 수학적으로 답변이 가능하다.

사람들이 일반적으로 사용하는 문장으로 문장 쪼개기 연습을 해보자. 일상적인 일 사이에서 범위를 정하고, 의미를 구체화하면 나중에 데이터를 분석할 때 분명히 도움이 된다. 지금 데이터 관련 일을 하지 않는 사람에게 가장 추천하는 방법이다. 일상생활에서 먼저 문장 쪼개는 연습을 하는 것이다.

- **일상 속 대화에서 문장 쪼개기 예시**
  1. 삼성역 근처에 갈 만한 곳 없을까요?
  2. 제주도 가려면 얼마 정도 들어요?
  3. 최근엔 연락을 자주 안 하는 것 같아요.
  4. 요즘 서울 집값이 많이 올랐어요.
  5. 카페에 사람들이 너무 오래 앉아 있어요.

삼성역 근처에 갈 만한 곳 없을까요?

회의차 삼성역에 갈 일이 생겼다. 삼성역 근처에 사는 지인에게 이런 질문을 할 수 있다. 이러한 질문을 하거나 답할 때에 문장 쪼개기를 해본다. 삼성역 근처 회의 장소로 얼마나 구체적인 목적지가 있는지에 따라 이 질문에 대한 대답의 범주가 결정된다.

· **삼성역:** 삼성역은 지하철역인가? 버스역도 있는가? 지하철역 입구를 기준으로 말하는 것인가?

· **근처에:** 근처라면 반경 몇 미터를 말하는가? 지하철역 입구를 기준으로 반경을 설정할 수 있는가? 입구마다 반경을 설정해야 하는가? 걸어서 갈 수 있는가? 버스나 택시를 타고 갈 수 있는가? 근처라는 것은 거리와 소요시간을 동시에 고려한 것인가? 소요시간이 포함된 것이라면 근처는 몇 분 이내에 갈 수 있다는 의미인가?

· **갈 만한:** '갈 만하다'는 것은 어떤 의미인가? 회의인가, 식사인가, 산책인가? 어떤 목적으로 어떤 사람과 가는 경우를 말하는가? 유명한 곳을 말하는가? 유명한 곳이라고 한다면 무엇을 기준으로 유명하다는 것을 정의해야 하는가?

- **곳:** 특정 장소를 말하는가? 식당이나 카페처럼 간판이 있는 가게를 말하는가? 공원이나 종교시설처럼 방문 가능한 단위를 말하는 것인가? 코엑스 같이 여러 시설이 모여 있는 건물 단위로 말해주어도 되는 것인가?

- **없을까요?:** '없다'는 의미가 아니라 오히려 '있느냐'고 물어보는 상황이다. 특정 조건에 따라 후보지를 몇 개 알려주어야 할까?

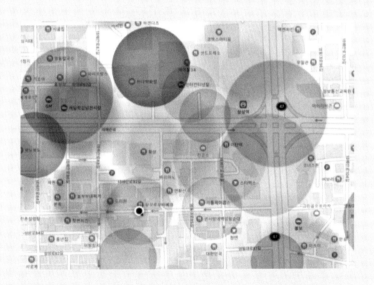

삼성역 '근처'라는 말을 누구나 쉽게 하지만, 모두의 정의는 달라진다. 데이터를 사용하기 전에 정의를 잘 내리는 것이 중요하다.

| **제주도 가려면 얼마 정도 들어요?**

제주도로 여행이나 출장을 가는 경우가 있다. 최근 제주도 여행을 다녀왔다는 지인에게 이렇게 물어볼 수도 있다. 이 질문을 하거나 답할 때 문장 쪼개기를 해본다. 일상적인 대화에서는 사람들이 으레 사용하는 문장이지만 아주 다양한 해석이 가능한 문장을 빠르게 포착해 대화가 이어진다는 것을 알 수 있다.

- **제주도 가려면:** 제주도에는 무슨 목적으로 가는가? 비행기나 배 등의 교통수단을 물어보는 것인가? 아니면 여행 전반에 대한 것인가? '가려면'이라고 했지만 갔다 오는 왕복 비용에 대한 것인가? 정말 원웨이 티켓에 대한 질문인 것인가?
- **얼마 정도:** 원 단위인가? 1만 원, 10만 원, 100만 원 단위인가? 범위는 어떻게 설정해야 하는가? 얼마나 정확한 금액을 제시해야 하는가? 1인 기준인가? 몇 명이 방문하면 더 저렴해지는지 옵션까지 알려주어야 하는가?
- **들어요?:** 여행 비용은 제주도 왕복 비행기 요금, 제주도 내 이동시 교통비, 숙박비, 식비 등으로 나눌 수 있다. 이러한 세부 항목이 없는 전체 비용을 말하는가? 필수 비용과 변동 가능한 비용을 나눌 수 있는가?

여행 예산 잡기, 여행지 정하기 모두 데이터를 활용하는 사례다. 일상적으로 해 오던 일을 얼마나 전문적으로 분석할 수 있는지 훈련해보기를 권한다.

예시 3 | 최근엔 연락을 자주 안 하는 것 같아요

지인의 근황을 전하며, 친밀했던 사이였으나 다소 소원해졌다는 이야기를 할 수 있다. 혹은 자주 업무 연락을 취하던 직원이었지만 이제 다른 프로젝트를 맡게 되었을 수도 있다. 이러한 문장으로도 문장 쪼개기를 해볼 수 있다.

- **최근엔:** 최근이라면 어느 정도 기간을 말하는가? 1년, 몇 달, 혹은 몇 주나 며칠인가? 기간을 설정할 수 있는가?
- **연락을:** 연락이라고 하면 전화, 이메일, 문자, SNS 등 어떤 수단을 말하는 것인가? 수단에 상관없이 대화 등의 빈도를 말하는가?
- **자주:** 자주는 어느 정도의 빈도를 말하는가? 하루에 한 번인가? 일주일에 한 번인가? 하루에 몇 번 연락을 해야 자주 하는 것인가?
- **안 하는:** 하고 있던 업무의 변경이나 특정 사건으로 인해 연락의 빈도가 자연스럽게 줄어든 것인가? 일부러 연락을 하지 않는가? 연락을 하지 못할 이유가 있는가?
- **것 같아요:** 특정 기간, 예를 들어 전달의 연락 횟수와 이번 달의 연락 횟수를 비교해보았을 때, 실제로 빈도가 줄지 않았음에도 그러한 느낌을 받는다는 것인가? 실제로 빈도가 줄어들었다는 것인가?

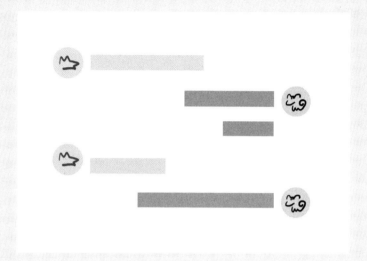

단순히 채팅 횟수로 상대방에 대한 관심을 숫자로 환산할 수 있을까? 또 다른 관심의 지표는 없을까? 이 사고 과정은 기업에서 SNS 관련 지표를 만들 때에도 활용된다.

요즘 서울 집값이 많이 올랐어요

늘 그랬지만, 2020년에도 부동산 관련 논의가 많았다. 많은 사람이 집값이 올랐다고 생각하는데, 실제로 자신이 거주하는 집값이 올랐기 때문이기도 하고, 기사로 접하는 특정 지역의 집값이 올랐기 때문이기도 하다. 이런 문장도 쪼개기를 해보면 부동산 관련 분석을 할 때 지역별 현상을 파악하는 데 도움이 된다.

- **요즘:** 요즘은 언제부터를 말하는가? 몇 년, 몇 개월, 며칠을 말하는 것인가?
- **서울:** 서울특별시 전체를 말하는가? 서울의 특정 지역만을 말하는가? 서울의 대부분을 말하는가? 대부분이라고 한다면, 몇 퍼센트 정도인가? 구나 동 단위인가? 서울 전체 가구 수 중 몇 퍼센트인가?
- **집값이:** 집은 아파트, 빌라, 주상복합, 오피스텔, 단독주택 등 모든 유형을 포함하는가? 아파트만을 의미하는가? 집값은 매매가격인가? 전세나 월세 등도 포함하는 개념인가?
- **많이:** '많다'는 것은 언제와 비교해 많은 것인가? 어떤 기간과 어떤 기간을 비교한 수치인가? 아니면 어떤 시점으로부터 오늘까지의 성장률인가? 절

대적인 가격인가 아니면 비율인가?

- **올랐어요:** '올랐다'는 것은 성장률이 계속 높은 것인가? 아니면 금액이 크

다는 것인가? 어느 시점부터 계속 복리로 계산을 하는가?

부동산 데이터는 개인의 관심을 반영하기도 하지만, 상권 분석의 기초와도 맞
닿아 있다.

| 예시 5 | 카페에 사람들이 너무 오래 앉아 있어요 |

카페에서 공부를 하는 '카공족'이 종종 회자되곤 한다. 혹은 카페에서 대화를 오래 하는 사람들도 있다. 매장의 회전율이 높지 않으면 매출에 영향을 주므로 걱정이 되기도 한다. 실제로는 매출에 큰 영향이 없을 수도 있고, 사람들이 오래 앉아 있으면서 더 많은 구매를 할 수도 있다. 실제로 어떤 영향이 있는지 분석은 나중에 하더라도, 일반적으로 말하는 이 문장 역시 문장 쪼개기를 해볼 수 있다.

- **카페에:** 카페 매장 안을 말하는가? 특정 매장 좌석을 말하는가? 좌석이 있다면, 좌석 유형 중 어떤 것을 말하는가?
- **사람들이:** 매장에 방문한 사람 중 몇 퍼센트의 사람을 말하는가? 혹은 어떤 그룹을 말하는가? 혼자 오든 단체로 오든 모든 사람을 말하는가? 각 사람을 지칭하는 것인가, 다수의 사람을 말하는 것인가?
- **너무 오래:** '오래'는 평균 고객 대비 오래 앉아 있는 것을 말하는가? 몇 분, 혹은 몇 시간이 평균이고, 짧게 체류하거나 오래 체류하는 것인가? '너무 오래'라는 것은 '오래'보다 더 길게 체류하는 것인가? 몇 시간 몇 분을 있어야 너무 오래 있는 것인가?

- **앉아 있어요:** '앉아 있다'는 것은 좌석을 차지한다는 의미인가? 실제로 앉아서 무언가 하는 것을 말하는가? 혹은, 공부를 하거나 대화를 하는 특정 행동을 말하는가? 구매를 하는 것이 아니라 단순히 앉아 있는 고객을 말하는가?

데이터로 측정을 할 수 있는 것과 없는 것이 있다. 심정적으로는 크게 느껴지는 일도, 데이터로 보면 작은 일인 경우가 있다. 그래서 데이터로 잡히지 않는 일이 큰 스트레스로 다가오기도 한다. 따라서 하나의 지표가 아닌 다양한 지표를 살펴보아야 한다.

데이터 찾기

어디서 어떻게 데이터를 확보할 것인가

문장을 쪼개보았다면, 이제 쪼개진 단어별로 데이터를 찾아야한다. 기대한 데이터가 전부 있지 않고, 생각보다 데이터가 없는경우가 많다. 데이터가 없거나, 원하는 형태로 존재하지 않는 경우가 부지기수다.

한동안 데이터를 감자에 비유한 적이 있다. 내가 만들어야 하는 것이 감자 샌드위치라고 해보자. 감자를 넣은 샌드위치를 만들려면 빵, 감자, 기타 재료가 필요하다. 각 재료가 다 다른 종류의 데이터다.

도와주는 사람 없이 혼자 샌드위치를 만들어야 하는 상황이다. 아주 맛있는 빵을 파는 곳은 멀리 있어서, 일단 마트에서 대부분의 재료를 구하기로 한다. 그런데 다른 재료는 공산품으로 그럭저럭 샀는데, 감자를 구하지 못했다고 가정하자. 감자 샌드위치를 만드는데 감자가 없다니. 요리사의 위기다. 나에게 기대하는 사람들(교수, 임원, 클라이언트 등)을 실망시키고 싶지 않다. 그런데 감자가 없으니, 감자를 심어야 할 판이다.

감자를 어렵게 구했다고 치자. 껍질 벗기기도 어렵고, 적당히 삶기도 쉽지 않다. 감자를 깎아주고 삶아주는 것을 도와줄 사람이 있었다면 나는 샌드위치를 만드는 데에만 집중할 수 있었을 것이다.

더욱 충격적인 상황은, 나와 비슷한 일을 하는 사람은 그냥 만들어진 감자 샌드위치를 사서 사람들에게 공급한다는 것이다. 내가 감자를 구하려고 동동거리는 사이, 이미 완성된 감자 샌드위치를 제공했다. 이게 직접 만든 샌드위치인지, 사온 것인지 먹는 사람들은 잘 모를 수밖에 없고, 직접 만든 것과 사온 것의 차이를 안다 해도 배를 채우기만 하면 그들은 만족할 것이다.

웬 감자 샌드위치 이야기를 장황하게 하나 싶을 것이다. 데이터를 가지고 결과물을 내야 할 때 겪을 수 있는 답답한 상황이다.

데이터 결과물은 다양한데, 그중에서도 이벤트 기간 SNS의 특정 단어에 대한 보고서라고 해보자. 내가 이벤트 보고서(감자 샌드위치)를 들고 올 거라고 기대하는 사람이 있다. 나는 보고서를 써야 하는 사람(요리사)이고, 분석과 보고서 작성(요리)을 하는 데 집중해야 한다.

그런데 데이터(식재료)가 충분히 없다. 다양한 데이터가 필요한데, 그 데이터 중 가장 핵심이 되는 이벤트 기간 SNS 데이터(감자)조차 제대로 쌓여 있지 않다. 이 이벤트 성과 데이터를 조달하는 데 도움을 줄 사람들, 즉 데이터 엔지니어나 데이터 분석을 하는 동료조차 없다.

어렵사리 SNS의 단어 데이터를 직접 모아 분석을 했는데, 알고 보니 단어 분석 서비스를 제공하는 기업이 이미 있다. 옆 부서나 다른 회사에서는 그 단어 분석 서비스(완제품 감자 샌드위치)를 이미 구독하는 중일지도 모른다. 보고서를 읽는 사람에게는 단어 분석 서비스를 이용하는 것과 내가 직접 데이터를 모으고 분석한 것(직접 만든 샌드위치)의 차이가 중요하지 않을지도 모른다.

각자 처한 상황과 보유한 데이터에는 차이가 있다. 그리고 프로젝트마다 필요한 데이터가 달라진다. 중요한 것은, 그 데이터를 어떻게든 모으고 조합해 결과물을 내야 한다는 것이다. 어떤 방식으로 모으고 조합해야 하는지 정답은 없다. 지금 보유한 데이터로 최선의 결과물을 내면 된다. 평소 데이터를 최대한 많이 모아 정리하고 분석에 집중할 수 있는 환경을 만든다면 더 좋은 결과물을 많이 낼 수 있다.

조직마다 구할 수 있는 데이터가 다르다

문장 쪼개기를 한 뒤, 어떤 종류의 데이터를 구해야 하고 어떤 데이터가 있는지 확인해가면서 데이터의 종류와 형식을 파악해야 한다. 이때, 당연하지만 답답한 현실에 부딪히게 된다. 즉 어떤 조직에 몸담고 있느냐에 따라 구할 수 있는 데이터가 달라진다.

모든 사람을 대상으로 생각해보면, 데이터를 구하기 가장 어려운 사람은 어느 조직에도 몸담지 않은 개인이다. 특정 기업의 데이터, 혹은 비싼 가격으로 구매할 수 있는 데이터에 접근할 권한이 없기 때문이다. 개인의 역량에 따라 다르겠지만(기술을 많이 보유할수록, 모두에게 공개된 데이터를 제대로 모을 역량이 있을 것이다) 데이터를 구하는 데 개인이 기업보다 제한이 있다는 것은 동일하다. 해킹을 하지 않는 이상 특정 기업의 특정 데이터에 접근할 수 있는 권리가 없기 때문이다.

특정 조직에 소속된 사람도 데이터를 모두 가질 수 있다는 의미는 아니다. 어느 부서에서 일하는지에 따라 조회할 수 있는 문서나 데이터에 제한이 있기 마련이다. 정보의 제한이라고 볼 수도 있고, 데이터 자체에 대한 접근 권한이라고 볼 수도 있다.

어느 조직에 몸담고 있지 않은 개인이라고 가정하고 구하고 싶은 데이터와 데이터 접근 제한을 상상해보자.

개인 자영업을 하는 당신은, 유동인구가 많고 구매력이 높은 사람들이 다니는 지역에 매장을 내고 싶다. 그리고 당신이 아는 부동산 정보가 정확한지도 알고 싶다. 그럼 유동인구를 어떻게 알아볼 수 있는가? 구매력이 높다는 것은 어떻게 알 수 있는가? 부동산 정보를 비교할 수 있는 곳이 있는가?

부동산 정보부터 생각해보자. 몇 해 전만 해도 부동산 중개사가 전달해주는 정보 외엔 정확한 정보를 알기가 어려웠다. 그러나 이제는 개인도 검색이나 부동산 전문 웹/앱에서 정보를 확인할 수 있다. 물론 매물을 100퍼센트 커버하지 못하거나 거짓 정보가 섞여 있기는 하지만 말이다. 하나의 사이트를 믿기가 어렵다면, 여러 사이트를 크로스체크 하면서 정보 조각을 맞춰나가는 것도 가능하다.

유동인구를 알아보는 몇 가지 방법이 있는데, 일단 대중교통을 이용하는 사람 수는 통계청에서 찾을 수 있다. 버스나 지하철역에 있는 사람의 규모 정도여서 매장 바로 앞의 유동인구는 아니지만, 매장을 내고 싶은 곳과 가까운 대중교통 이용량을 알 수 있다. 또한 소상공인 대상으로 반경 내 통신량이나 카드 사용량 등을 제공하는 사이트가 있다. 이를 통해 간접적인 유동인구 데이터를 확보할 수 있다.

그러나 당신이 원하는 정확한 데이터는 아닐 수 있다. 바로 내 매장 앞 골목의 유동인구를 어떻게 알 수 있을까? 신용카드 중에서도 법인카드의 평균 사용량을 알 수는 없을까?

특정 매장에서 비디오를 이용해 사람의 얼굴을 인식하고 유동인구를 셀 수는 있다. 그러나 장비로 데이터를 확보하는 데 많은 비용이 들므로 비용을 들여서까지 얻어야 하는 정보인지는 판단해야 한다. 또한, 데이터를 당신이 보고 분석할 수 있다는 것은 아니다. 특정 매장에서 법인카드로 결제한 건수와 금액을 알 수는 있다. 그러나 그 데이터를 당신이 보고 분석할 수 있느냐는 별개의 문제다. 어떤 데이터를 만들 수 있지만 그 데이터를 얻는 데 드는 비용과 시간을 얼마나 투자할지 결정해야 하고, 데이터가 있더라도 조회하고 분석하는 권한을 가진다는 것도 별개다.

당신이 상상하는 모든 것이 데이터로 존재할 수 있다. 그러나 그 데이터가 실제로 어느 곳에 쌓이는지, 쌓인 데이터를 조회하고 분석할 수 있는지는 살펴보아야 하는 문제다.

어떤 회사에 소속되어도 그 회사의 모든 데이터를 볼 수 있는 것은 아니고, 소속 부서나 권한 혹은 툴에 따라 볼 수 있는 데이터가 다르다.

자신이 어떤 프로젝트를 맡았을 때, 모을 수 있는 데이터와 그 데이터의 접근 방법을 확보하는 것이 중요한 이유다. 어떤 데이터를 확보할 수 있는지 판단하고, 만약 권한이 없다면 얻을 방법은 없는지, 얻을 수 없다면 유사한 데이터로 대체하는 방법을 치열하게 고민해야 한다.

데이터 프로젝트를 해야 하는데 데이터가 없다는 것은 식재료가 없는데 요리를 만들어야 하는 상황과 마찬가지다. 필요한 재료가 없으면 대체 재료라도 구해야 하듯, 적절한 데이터를 최대한 확보해야 한다. 데이터가 없으면 데이터 프로젝트는 성립할 수가 없다. 아무리 훌륭한 데이터 인력과 시스템이 있어도 데이터가 없어서 추진하지 못하는 경우도 많다. 데이터 확보는 그만큼 중요하다.

4가지 데이터 유형

많은 사람이 '데이터'라는 말을 사용하지만, 의미는 서로 다를 수 있다. 이를테면 통신사에서는 모바일 사용 단위를 데이터라고 지칭한다. 숫자 자체를 데이터라고 부르기도 하고, 보고서에 있는 차트를 데이터라고 생각하기도 한다.

데이터의 유형을 크게 네 가지로 나눌 수 있다. 나누는 기준은 매우 다양한데, 이번엔 데이터 전문가가 아닌 사람이 접근 가능한 형태에 따라 데이터를 나누어보려고 한다.

작은 단위로 나뉘어진 의미 있는 데이터를 '로그 데이터'라고 한다. 어떤 사람이 모바일 앱을 클릭하고, 로그인하고, 상품을 둘러보고, 장바구니에 담고, 결제를 하고, 로그아웃을 하는 순간이 저절로 기록되는 것이 로그 데이터다. 이 로그 데이터의 양은 매우 방대해서 과정을 남기기로 결정해야 기업에 남아 있는 경우가 대부분인데, 기업에서 접근할 수 있는 가장 자세하고 작은 데이터 단위다. 그러나 기술이 있어야만 분석이 가능하며, 일반인은 데이터에 접근하는 것조차 어렵다.

다음으로, 이 로그 데이터를 잘 정리해놓은 '데이터 테이블'이 있다. 이 테이블은 어떻게 정리하느냐에 따라서 크고 작은 단위로 얼마든지 만들어낼 수 있는데, 로그 데이터를 전처리한 것을 다시 정리할 수도 있다. 일반적으로 회사에서 사람들이 엑셀로 분석하는 데이터 테이블은 로그 데이터를 여러 번 정리해서 만든 것이다. 엑셀로 다양한 방식으로 분석할 수 있으므로, 로그 데이터가 얼마나 다양하게 변화하는지 알 수 있다.

'대시보드', 혹은 비즈니스 인텔리전스라고 불리는 BI는 변형

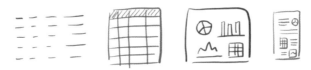

로그 데이터, 데이터 테이블, 대시보드, 보고서. 데이터의 형식은 크게 네 가지로 볼 수 있다. 로그 데이터에 가까울수록 기술을 가진 전문 인력만 분석이 가능하고, 보고서에 가까울수록 일반인도 쉽게 볼 수 있다. 그러나 보고서는 독자에게 추가 분석이나 심화 분석의 가능성을 주지 않는다.

하기가 어려운 형태이지만 데이터를 잘 모르는 사람도 다룰 수 있다. 국가에서 운영하는 NABIS 같은 사이트에 들어가보면 다양한 데이터를 얻을 수 있다. 지역이나 기간 등은 클릭을 통해 조정할 수 있지만, 차트 모양을 바꾸거나 상세 데이터를 보기 어려운 경우가 많다. 대시보드의 장점은 매일 보고 싶은 수치가 있을 때 만들어놓으면 일일이 데이터를 처리하지 않아도 된다는 점이다. 미리 정해 놓은 차트나 표로 데이터를 수시로 볼 수 있기 때문에 이상 신호나 변화를 감지하는 데 도움이 된다.

　일반인이 가장 접하기 쉬운 형식은 '보고서'다. 회사에서 작성한 딱딱한 보고서만을 말하는 것은 아니다. 이미 어떠한 데이터 전문가가 데이터를 분석하고, 의미를 찾아 인간의 언어로 정리해놓은 문서다. 그러나 독자 입장에서 데이터 변형이 불가능하며, 더 궁금한 데이터가 생긴다고 하더라도 구할 수 있는 확률이 매우 낮다.

요리에 비유하면, 로그 데이터는 밭에서 자라는 다양한 채소다. 많은 가능성이 있고, 앞으로 어떤 것을 고를지도 정할 수 있다. 그러나 바로 요리를 만들 수 있는 식재료는 아니다.

데이터 테이블은 밭에서 따고 종류별로 정리한 토마토라고 할 수 있다. 토마토 꼭지를 따고 껍질을 벗겨 손질을 해놓은 것이다. 필요에 따라 손질하는 방법이나 정도는 다르다.

토마토를 데이터 형식 네 가지에 비유해보자. 날것 그대로의 토마토는 로그 데이터, 앞으로 다양하게 활용될 가능성이 있다. 손질된 토마토는 데이터 테이블, 요리(분석)에 바로 활용할 수 있다. 케첩은 손쉽게 사용할 수 있는 대시보드. 그렇지만 당도나 점성을 결정할 수는 없다. 토마토 파스타 등의 요리는 보고서, 이미 완성되어 있고 쉽게 접할 수 있지만 바꿀 수 있는 여지가 많지 않다.

대시보드는 토마토케첩이다. 핫도그에도 뿌릴 수 있고, 오므라이스에도 뿌릴 수 있다. 그렇지만 공산품인 케첩의 당도를 조절하거나 점도를 바꾸기는 어렵다. 편리하게 사용할 수 있지만, 근본적인 변형은 쉽지 않다.

보고서는 이미 완성된 요리다. 토마토 파스타일 수도 있고, 다른 식재료와 섞어 더 맛있고 더 완성도 있는 요리가 되기도 한다. 어떤 식재료와 조합했는지, 어느 요리사가 만들었는지, 어떻게 담았는지에 따라서도 맛이 달라진다. 데이터는 매우 중립적이지만, 보고서의 메시지에 따라 사람들이 아주 다양하게 사용할 수 있는 것처럼 말이다.

4

데이터 분석하기

관점을 세우고 작은 것부터 시작한다

데이터 분석은 사람들이 가장 배우고 싶어 하지만, 가장 가르쳐 주기 어려운 부분이다. 사실 특정 프로젝트를 마주하면 오히려 가르쳐주기가 쉽지만, 데이터 분석은 범위가 넓어서 무엇부터 가르쳐주어야 할지 모르겠다는 느낌도 받는다.

"데이터 분석 잘하려면 어떻게 해야 해요?"

이런 질문을 받으면 "공부 잘하려면 어떻게 해야 해요?", "요리 잘하려면 어떻게 해야 해요?", "그림 잘 그리려면 어떻게 해야 할까요?" 같은 질문을 받을 때와 느낌이 비슷하다.

데이터 분석을 또 다시 요리에 비유하면, "요리 잘하려면 어떻게 해야 해요?"라는 질문보다 "김치볶음밥 만들려면 어떻게 해야 해요?" 같은 질문을 받을 때 한결 낫다.

김치볶음밥에도 여러 가지 레시피가 있듯이, 데이터를 분석하는 방법이나 사용하는 모델 역시 다양하다. 그러나 요리 자체를 막연하게 공부하는 것보다, 특정 메뉴를 공부할 때 실제로 먹을 수 있는 음식을 만들 수 있다. 데이터라는 커다란 개념에 빠져 허우적거리기보다는 특정 분석 주제를 가지고 시작해야, 훨씬 빠르게 구체적인 결과물을 손에 쥘 수 있다.

분석하려는 주제를 정하고, 문장을 쪼개고, 데이터 재료를 모았으면, 데이터 분석을 시작할 수 있다. 물론 데이터 분석의 수준도 천차만별이나, 이 책에서는 분석을 처음 실행하는 초심자가 할 수 있는 것을 이야기할 것이다.

빅데이터로만 성과를 낼 수 있는 것은 아니다

수많은 강의에서 만난 사람들이 하는 질문 중, 빠지지 않고 나오는 것은 의외로 '빅데이터가 무엇인가'라는 질문이다.

사실 빅데이터에 대한 정의는 사람마다 다르다. 네이버 국어

사전에는 '정보·통신 기존의 데이터베이스로는 수집, 저장 따위를 수행하기가 어려울 만큼 방대한 양의 데이터'라고 정의되어 있다. 이 방대한 양이 얼만큼을 말하는지, 몇 기가바이트 혹은 몇 테라바이트부터 빅데이터인지 정의하기는 쉽지 않다.

회사를 다니는 사람을 대상으로 하는 강의에서 나는 "엑셀로 데이터를 처리하기 어려우면 빅데이터"라고 말하곤 한다. 회사에 다니는 대부분의 사람이 엑셀을 사용하는 한국에서, 엑셀로 처리할 때 무거워서 컴퓨터가 버벅거리거나 엑셀에 다 담기지 않을 정도의 데이터가 체감상의 빅데이터일 것이라고 생각한다. 이 설명은 정확하지도 않고 측정 가능한 개념도 아니지만, 데이터에 친숙하지 않은 사람들에게는 어느 정도 이해가 되는 설명일 것이다.

그럼 엑셀로 분석하는 정도의 데이터로는 성과를 낼 수 없는 것인가? 아니다. 데이터의 크기는 중요하지 않다.

데이터로 의사결정을 하는 조직문화, 데이터로 성과를 내려고 하는 의지는 데이터의 크기와 무관하다. 조직 내에 데이터가 전혀 없어도, 검색으로 얻은 데이터를 활용해서라도 자신의 의사결정에 확신을 가진 사람이라면 데이터로 성과를 낼 수 있다.

빅데이터로만 분석할 수 있는 것이 분명 있다. 기술이 없으면 알 수 없는 것들, 빅데이터가 도움을 주는 영역이 있다. 그러나 빅데이터가 없다고 해서 데이터로 성과를 낼 수 없다는 의미는 아니다.

데이터는 모두에게 도움을 준다. 그러나 데이터로 아무나 성과를 내는 것은 아니다. 기술의 장벽이나 어려운 모델링, 더 나은 실력만으로 데이터 성과를 평가할 수는 없다고 생각한다. 아주 작은 데이터라도 잘 활용해 더 나은 의사결정을 했다면 그 데이터는 살아 있는 데이터다. 살아 있는 데이터가 될 수 있도록 활용하는 사람이, 데이터로 성과를 낼 수 있다.

크게 보고 작게 시작한다

이 책은 데이터 초심자를 위한 워크북이므로, 데이터 분석 경험이 많은 이들에겐 다소 평이하게 느껴질 수 있다.

데이터를 잘 모르는 사람은 분석할 때 한꺼번에 모든 것을 알아낼 수 있는 단 하나의 숫자를 찾아내려고 한다.

그러나 이 생각에는, '분석의 결과로 어떤 숫자를 만들어내는 것도 사람의 의지가 들어간 주관적인 과정 아니냐'고 생각하는 태도가 녹아 들어가 있다. 여러 관점에서 데이터를 분석하면 하나의 숫자가 절대적으로 맞지 않는다는 것을 알게 된다. 혹은 하나의 숫자 혹은 지표가 여러 관점에서 보아도 의미 있는 숫자라는 것도 알게 된다.

데이터 분석은 큰 관점부터, 작게 시작해야 한다. 우선 큰 관점부터 만들어보자. 데이터 중 가장 구하기 쉽고 전체를 조망할 수 있는 숫자를 펼쳐보기를 권한다. 대표적으로, 일별 매출이나 월별 매출, 연간 매출 등의 숫자를 시간 순서에 따라 라인 차트 등으로 만들어보자. 기업에서 문제의식의 시작은 '매출이 떨어졌다'거나 '원하는 매출이 나오지 않았다'는 것이다. 매출이 어느 시점부터 기대보다 떨어졌는지 확인해야 한다. 그 시점을 확인하면 그 시점이나 이전에 일어난 다른 일들 혹은 연계 분석할 수 있는 실마리를 얻게 된다.

작게 시작하자는 것은, 일단 아주 간단한 라인 차트부터 만들어보자는 말이다. 데이터 초심자가 시작해야 할 것은 모델을 활용한 매출 예측이 아니다. 일단 과거 매출의 모양부터 확인하는 것이다. 만약 누군가 작성한 방법에 따라 매출 예측 모델을 만들어본다 해도, 그 진정한 의미를 이해하고 다음에도 활용할 수 있어야 한다. 받아쓰기 하듯이 따라 분석한 것은 일회성으로 끝날 확률이 높다.

책이나 강의 동영상을 보고 데이터 분석을 공부한 사람이 실제 회사에서 활용하지 못하는 이유가 이 때문이다. 샘플 데이터를 보고 따라하면 당연히 결과가 똑같이 나오고, 분석을 할 수 있게 되었다는 생각이 든다. 그런데 회사에서 마주하는 프로젝트나 데이터는 전혀 다르다. 응용하지 못하면 데이터 분석을 할 수 있다고 말하기 어렵다.

성장 가능한 데이터 분석을 하려면, 일단 아주 간단한 것부터 직접 그려보는 것에서 시작해야 한다. 남의 손을 빌리지 않고 단 한 번이라도, 엑셀로라도 월별, 일별, 시간별 매출을 집계하고 라인 차트를 그려보자. 누적값으로도 그려보고, 증감으로도 그려보자. 테이블 하나로도 다양한 차트와 관점으로 분석이 가능하다는 것을 직접 경험해보아야 한다. 거기서부터 시작해야 더 나아간 분석을 할 수 있다.

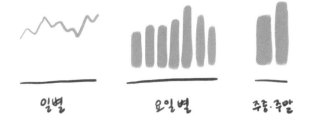

문과생도 데이터 사이언티스트가 될 수 있다. 누구나 노래를 하고 누구나 글을 쓰듯이, 누구나 기획자의 감각이 필요하고, 누구나 사업을 하는 것처럼, 분석도 누구나 할 수 있다.

그러나 전문적인 영역에 아무나 쉽게 들어오기는 어렵다. 가령 10살 때부터 코딩을 했고, 과학고를 나왔으며, 공대 출신의 데이터 엔지니어나 데이터 사이언티스트가 하는 일을 '아무나' 할 수 있다고 말할 수는 없다. 혹은, 수십 개의 통계 과목을 수강하고, 10년 이상 마케팅 경력이 있는 사람처럼 데이터에서 인사이트를 뽑는 일을 '아무나' 할 수는 없다. 나도 여러 책이나 인터뷰에서 이야기했던 내용이다. 당신은 10년 이상 업력을 키워온 사람의 영역에, 10개월 만에 들어갈 수 있는 천재인가? 누구나 데이터를 할 수 있다고 해서, 아무나 최고 수준의 전문가가 바로 될 수는 없다는 것이다.

그럼 우리는 어떻게 데이터 분석을 해야 할까. 어려운 통계 모델을 만들지 못하고 코딩을 하지 못하면 데이터 분석을 포기해야 할까?

기술이 발달하면서 비전문가의 시대가 왔다. 전문가가 아니어도 쉽게 데이터를 조회하거나 확인할 수 있게 되었다. 간단히 '구글 트렌드'나 '네이버 데이터랩'에 들어가서 검색어와 관련된 데이터 추이를 확인해볼 수 있다. 10년 전만 해도 이런 수치는 전문가만 볼 수 있었다. 이제 누구나 단어 입력과 클릭만으로 결과를 얻을 수 있다.

누구나 쉽게 데이터에 접근하기 때문에 자꾸 어려운 데이터 분석의 영역도 자신이 직접, 아니 금방 할 수 있을 것이라고 착각하는 경우가 많다. 당연히 당신은 지금부터 데이터 전문 직종으로 전업을 할 수 있고, 전업을 하지 않더라도 직접 데이터를 분석해 자신의 전문 분야에 적용해볼 수 있다. 그러나 어려운 모델을 만드는 일은 여전히 전문가의 영역으로 남을 확률이 높다.

그렇다면 지금부터 데이터를 이용하고 싶은 당신은 머신러닝

자동으로 머신러닝을 해주는 서비스를 이용한다면 어떨까? 내가 코딩을 할 줄 몰라도, 분석에 대한 기획과 결과값만 활용할 수 있다면? 분명 가까운 미래에 많은 기업이 사용하게 되겠지만, 자동 머신러닝 같은 블랙박스가 주는 장점과 단점은 명확하다. 머신러닝을 쉽게 활용하게 되어도 어떤 과정을 통해 얻는지 모르면 다음에 응용할 수 있는 인사이트를 얻기는 어렵다.

이나 고급 통계 모델은 사용하지 못하는 것인가. 기술의 발달은 조만간 이 영역마저 손쉽게 메꾸어줄 것이다.

영상 편집을 예로 들어보자. 예전에는 영상을 편집하려면 고급 기술을 보유하고 있어야 했고, 특정 컴퓨터나 프로그램이 있어야 했다. 그러나 이제 누구나 스마트폰으로 동영상을 찍고 편집을 한다. 특정 앱을 사용하면 자막도 쉽게 넣을 수 있다. 영상 앱을 만드는 기업처럼, 머신러닝을 쉽게 제공하는 기업이 점차 늘어날 것이다. 이미 이런 업체들이 있지만, 아직 일반인이 접근할 수 있는 비용 수준이 아니거나, 기술적 이해가 없이는 충분히 활용하기 어렵다.

앞으로 더 쉽고 간단하게 고급 분석 기술을 사용하는 기업과 제품이 늘어날 것이다. 이를테면, 엑셀에서 사용하는 함수 같은 기능처럼 머신러닝이나 복잡한 모델을 간단하게 사용할 수 있는 날이 올 것이다. 직접 코딩을 하지 않아도 인풋을 넣으면 아웃풋을 바로 받아볼 수 있는 구조로 말이다. 그 뒤 블랙박스를 전문적으로 만들어주는 기업이 많이 생겨날 것이다.

Chapter 2.

데이터 스토리텔링

이야기로 사람들을 설득한다

5

데이터 퍼즐 맞추기

낱낱의 분석을 모아 인사이트를 만든다

데이터 분석을 할 때는 하나의 분석에서 하나의 차트 혹은 하나의 숫자를 얻는 경우가 많다. 예를 들어 '월별 매출 추이'라는 차트는 월별로 매출을 집계해서 얻는데, 회사 환경에 따라 이 차트를 그리는 데만 수많은 시간과 여러 명의 노력이 필요할 수도 있다. '테이크아웃 비율'이라는 수치를 얻는 데에도 경우에 따라 많은 노력이 필요하다.

그런데 이렇게 어렵게 만든 차트나 수치가 우리가 원하는 종합적인 분석 결과물이 아닌 경우가 많다. 분석을 진행한 입장에서는 수치 하나를 만드는 데에 많은 노력이 들었기 때문에, 혹은 분석 결과를 받는 입장에서는 어렵게 얻은 결과이기 때문에 이를 즉시 활용하고 싶다. 그러나 하나의 숫자만을 이용하는 경우엔 편협한 사고를 하게 되거나, 미처 다른 측면을 보지 못할 수 있다.

아주 흔히 듣는 질문 중에 '어떤 지표나 어떤 데이터 소스를 많이 활용하느냐'는 것이 있다. 이런 질문을 하는 사람은 데이터 분석을 단편적으로 바라보는 것이다. 하나의 숫자만으로 '짜잔!' 하고 변화가 일어난다고 믿는 것이다.

그도 그럴 것이, 수많은 기업 사례의 서사가 이러한 '짜잔!'을 강조한다. 이를테면 이런 식이다. 잘 나가는 줄 알았던 기업에 작은 위기가 찾아온다. 그리고 데이터를 이렇게 저렇게 살펴보았더니 '사람들은 다른 문제가 있다고 생각했지만, 실제로는 ○○○가 문제다'라는 발견을 하게 된다. 그래서 ○○○을 바꾸어보았더니 매출이 ○○퍼센트 올랐다.

이러한 성공의 서사를 만들고 싶은 사람들은 하나의 숫자만으로 기업의 터닝포인트를 만들 수 있으리란 기대로 데이터를 바라본다. 따라서 데이터를 배우자마자 '와우!' 할 수 있는 결과물을 원한다. 그런데 그런 일은 거의 일어나지 않는다. 일어난다 하더라도, 짧은 순간 얻어낸 하나의 수치만으로는 어렵다.

데이터로 스토리텔링을 해야 한다. 우리는 데이터를 통해 속담과 같은 하나의 인사이트 넘치는 문장을 발견하길 원한다. 그러나 그 속담은 한순간에 만들어진 문장이 아니다. 수많은 결과물이 쌓여 하나의 이야기가 되고, 그 이야기의 핵심이 다시 한 문장의 속담처럼 전해지게 되는 것이다.

한 단위의 데이터 분석을 통해 인사이트 넘치는 속담을 얻을 것이라고 기대하지 말자. 여러 단위의 분석을 진행한 뒤에, 그 분석을 이어 이야기를 먼저 만들어보자. 이야기를 만들어가면서 미처 생각하지 못한 점, 변화를 이끌어낼 지점을 찾아내는 연습을 해야 한다. 그러기 위해서는 일단 다양한 분석 재료가 있어야 한다. 분석을 통해 하나의 차트/수치를 얻은 뒤, 다양한 분석을 이어나가야 한다. 종합적인 분석 결과를 가지고 인사이트를 말할 수 있어야 한다.

데이터로 스토리텔링을 한 다음, 실제로 시장에 적용한 뒤 성공을 해야 속담이 만들어진다. 데이터에 대한 경험이 낮은 개인/기업이 처음부터 데이터로부터 엄청난 인사이트가 나올 것이라고 기대하면 거듭되는 실망 속에 제자리걸음만 하게 된다.

분석 결과 분류하기

낱개의 분석을 진행했다면, 이제 분석 결과를 분류한다. 프로젝트 초기에 문장을 쪼개고 분석 기획을 하면서 커다란 분석 흐름은 잡아보았을 것이다. 이 낱개의 분석 결과 중 비슷한 것, 흐름상 인접한 곳에 놓여야 하는 것을 분류해야 한다.

예를 들어 여러 영상 플랫폼에 대한 분석을 진행했다면 그 결과는 같은 챕터에서 다루는 것이 좋다. 그러면 결과물을 제시하는 순서를 시장점유율이나 설립 순서 등으로 정렬하는 방법 중 무엇이 효율적일지 분류할 수 있다.

국가별로 사용하는 플랫폼이 다르기 때문에 국가를 기준으로 재분류할 수도 있다. 혹은 특정 영상이 유통되는 채널 중 하나로서 영상 플랫폼이나 커뮤니티나 SNS 등 다양한 플랫폼을 고려할 수 있다. 예로 유튜브라는 플랫폼에 대한 분석은 여러 챕터에 들어갈 가능성이 있다. 하나의 분석을 하고 난 뒤에 전체 흐름에서 어떤 챕터에서 어떤 분석 결과들과 함께 있을 때 가장 효율적일지 판단해야 한다.

분류한 내용 재배열하기

낱개의 분석 내용을 분류했다면, 이제 숫자로 하는 분석이 아닌 인문학적인 머리로 생각할 시간이다. 이 낱개의 분석들이 가리키는 방향은 무엇인가? 이 분석 내용과 저 분석 내용은 서로 상충되는데, 잘못된 것은 없는가? 둘 다 틀렸다면 어떤 조건이 달라서 이런 일이 일어났는가? 우리 회사, 내 사업에 필요한 내용은 무엇인가?

이런 생각이 정리되도록 분석 결과를 재배열한다. 논리적으로 이야기가 정리될 때까지 이리저리 분석 결과를 맞춰보는 과정이 필요하다. 따라서 이 과정을 '퍼즐 맞추는' 단계라고 표현한다.

이 퍼즐을 맞추는 과정의 역량 차이는 분석 경험의 차이라고도 볼 수 있다. 말하자면 코딩을 배우거나 분석 모델을 배워 바로 사용할 수 있다. 이건 배운 당일에도 할 수 있다. 그런데 그 분석 결과를 우리 회사나 내 사업에 적용하도록 논리적으로 사고하는 것은 하루아침에 되는 일이 아니다. 경험이 없으면 퍼즐 맞추기가 매우 어렵게 느껴진다.

경험이 적은 사람이라면, 1단계에서 진행했던 '문장 쪼개기'로 돌아가면 된다. 자신이 처음 했던 질문에 답을 해가는 형식으로 이야기를 만들어보는 것이다.

여러 데이터 분석 인사이트가 모여, 우리가 보는 것이 무엇인지 방향성을 결정해준다. 하나의 데이터 분석만으로는 속단하기 어렵지만, 여러 데이터는 거짓말을 하지 않는다.

　처음 질문했던 문장들에 대한 답을 육하원칙에 따라 정리해보면 도움이 된다. 보통 사업에서는 매출과, 매출을 일으키는 주체인 소비자에 대한 데이터를 다루므로, 소비자를 주어로 정리해보면 좋다. 혹은 특정 매장이나 특정 상황도 좋다. 육하원칙에 따라 데이터를 배열해보고 답을 해보자.

　퍼즐을 맞추다 보면 반드시 빈 부분이 보인다. 이때 추가 분석을 진행한다. 데이터는 참 신기하게도, 하나의 궁금증에 대한 답을 찾고 나면 또 다른 질문이 생긴다. 그 질문들에 답을 하다 보면 어느 순간 스스로 숫자에 잠식되고 만다. 어디서 끝내야 할지 모를 정도로 수많은 질문과 데이터 분석 결과물 사이에 매몰된다. 그럴 때는 기한 안에 할 수 있는 질문과 답의 단위로 한계를 정해주어야 한다. 끝없이 생기는 질문에 끝없이 답하다 보면 성과를 낼 수 있는 데이터 결과물을 만들기 어려워지기 때문이다. 가장 중요한 것은 데이터에서 얻은 인사이트를 배경으로 시장의 변화를 이끌어내는 액션을 실행하는 것이라는 점을 잊지 말자.

$$6$$

변화를 만들 제언하기

스토리로 방향을 제시한다

데이터 분석을 하고, 맥락을 알아내는 것만으로는 충분하지 않다. 물론 아는 것과 모르는 것은 천지 차이이다. 아는 것만으로도 의미 있는 것이 있다. 그러나 알고 난 뒤에는 행동을 해야 한다. 그 행동이 변화를 가져오고, 그 변화로 인해 기업과 사업이 유지된다.

어떤 행동은 할수록 기업에 마이너스가 되는 경우도 있다. 어떤 마케팅 활동이 이미 공고하게 쌓인 이미지를 훼손할 때, 혹은 신사업에 투자한 비용이 성과로 이어지지 않을 때도 있다. 그러나 이런 의사결정조차도 '알고 난 뒤 행동'하는 것이다. 알지 못하는 채로 아무것도 하지 않는 것과는 다르다.

자신이 하는 의사결정이 어떤 의미인지 제대로 알고 확신하는 것이 중요하다. 자신이 데이터를 기반으로 이해를 하고, 자기 의사결정에 확신을 갖기 위해 데이터를 본다고 해도 과언이 아니다.

머신러닝을 통해 자신이 모르는 의사결정조차도 기계가 대신 해줄 것이라고 기대하는 사람이 있다. 물론 그런 영역이 있다. 데이터는 사람보다 더 좋은 광고 배치, 더 나은 제품 제안 등을 해줄 수 있다. 그런데 '어느 순간 기계가 이런 의사결정을 하도록 하자'는 의사결정은 인간이 해야만 한다. 이때 기계가 해주던 것이 어떤 의미인지도 모른 채 의사결정을 할 수는 없다.

그래서 기계가 대신 하든, 외부 컨설팅을 맡기든, 이 블랙박스의 전체 그림은 알 필요가 있다. 어떤 데이터가 들어가고 어떤 데이터가 나오는지는 이해해야 한다. 블랙박스 안의 내용을 몰라도 되는 세상은 오겠지만, 앞과 뒤의 의사결정은 여전히 인간의 몫이다. 따라서 데이터를 이해하고 사고할 줄 아는 역량은 더욱 중요해진다.

같은 팀의 엔지니어가 이런 말을 했다. "언젠가는 기술이나 도메인 지식을 가진 양극단의 인력만 남을 것 같다"고. 그런 예측에 동의한다. 데이터 업계에는 궁극의 기술력을 지닌 사람이나 인문학적인 사고와 현장 경험인 도메인 지식을 가진 사람만이 남는 세상이 올 것이다. 통계나 모델링에서 자동화될 부분이 많아지면서, 결국 데이터를 자동화할 기술과 자동화된 데이터로 좋은 의사결정을 하는 사람만 남게 될 것이라는 말이다.

그렇다면 이제 중요한 것은 데이터로 어떤 의사결정을 하느냐다. 데이터를 보고 방향성을 어디로 잡고, 어떤 변화를 제언하는지가 데이터 분석의 최종적인 결과물이 될 것이다. 이 변화를 위한 핵심을 잡아내는 인력이 데이터 분석 역량을 가진 사람이라고 볼 수 있다.

변화를 위한 제언을 하는 것은 균형을 잡는 일과 비슷하다. 우선 너무 뜬구름 잡는 이야기를 해서는 안 된다. '사람은 착하게 살아야 한다' 같은 제언이 될 수 있다. '소비자의 행동을 두루 살펴보아야 한다'거나 '너무 빠른 결정을 내리지 말고 조심하면서 의사결정해야 한다' 같은 수준은 안 된다. 그냥 아무나 할 수 있는 이야기이지 않은가. 데이터를 바탕으로 구체적이고 현실적인 제언을 해야 한다.

사실 현장에서 일을 하는 사람들만큼 현장을 잘 알 수는 없기 때문에, 너무 자세한 제언을 하기는 어렵다. 따라서 너무 세밀한 제언은 데이터의 전문성을 오히려 훼손할 수 있다. 데이터를 공유받는 현장 실무자에게 이런 피드백을 받게 될 수 있다.

"그건 현실적으로 불가능한데요? 지금 어떤 구조인지 아신다면 할 수 없는 이야기입니다."

방향성과 디테일, 그 사이의 균형

회사를 다니면서 누구나 들어보았을 법한, 모순되는 요청사항이 있을 것이다. 데이터 제언을 한다는 것은 그런 모순된 요청사항 사이의 균형을 잡는 일과 같다. 너무 두루뭉술해서도 안 되고, 너무 지엽적이거나 현장의 전문성을 침해해서도 안 된다. 그러면서도 현장의 변화를 가져올 만한 구체적인 제언을 한다는 것은 정말 어려운 일이다. 그래서 분석 경험이 많은 사람이 잘 해낼 수 있는 영역이라고 보는 것이다.

예를 들어, 특정 제품을 특정 판매 기간에 한시적으로 판매하기로 했고, 판매 일시나 시간대를 결정해야 하는 프로젝트가 있다고 하자. 이 의사결정을 모두 데이터 기반으로 진행하기로 했다. 제품의 종류와 마케팅 방향과 판매처 및 판매 시점까지, 의사결정을 해야 하는 주요 사항이 매우 많다.

데이터보다는 현장의 감이 더 나은 결정을 유도하는 부분도 있다. 이를테면 특정 사은품은 데이터 기반이기도 하지만 감각적으로 결정해야 할 때도 있다. 데이터는 이미 유행한 것이 기록으로 남아 증거가 되지만, 유행을 선도해야 할 때는 데이터로 보여줄 증거가 없는 경우도 있다.

이럴 땐 데이터가 방향성을 지지해주어야 한다. 지금 캠핑의자는 전문 캠핑용품점에서만 판매를 하니, 최근 캠핑족 규모 및 시장 성장 추이를 증명하는 데이터에 따라 캠핑 관련된 의자나 컵을 사은품으로 주는 것이 정당하다는 식이다.

이때 제품의 방향성은 데이터의 세부 확보 내용에 따라 달라진다. 예를 들어 캠핑족 성장세 중 젊은층의 유입이 확인되었는데(이때 연령대 데이터나 특정 행동을 하는 고객군의 데이터 확보가 필수다) 젊은층이 선호하는 캠핑용품이 아직 열린 시장이라는 것을 알아챌 수도 있다. 또는 가족 단위의 캠핑족이 확인되어, 성인이 아니라 어린 아이도 사용할 수 있는 특정 제품을 말할 수도 있을 것이다. 아니면, 기존 캠퍼와 유사한 성향의 캠퍼가 늘어나고 있는데, 여러 캠핑 브랜드 중 특정 성향을 가진 브랜드가 아직 부재하여 그 부분을 노릴 수도 있다.

이렇게 데이터의 세부 내용에 따라 의사결정의 방향성이 달라진다. '캠핑족이 늘고 있으니 캠핑용품을 만들어야 한다'는 덜 구체적이다. '캠핑 의자를 ○○브랜드와 콜라보레이션하여 ○○사이즈로 만들어야 한다'는 지나치게 구체적이다. '캠퍼 성장 중에서도 ○○연령층 혹은 ○○특징을 가진 캠퍼가 늘고 있으므로, 그 소비자군이 선호하는 ○○브랜드나 ○○브랜드와 같이 편의성을 중시하는 브랜드와 콜라보레이션하자'는 제언의 방향성을 잡아내는 것이다. 이 문장도 너무 두루뭉술하거나 너무 지엽적이라고 보는 사람도 있다. 이러한 제언은 조직이나 개인의 성향에 따라 수위가 정해질 수 있으니, 여러 번 시도하면서 수위를 파악하는 것이 좋다.

1) 사람들이 좋아할 만한 제품을 만들기 위해 다각적으로 살펴보아야 한다. (X)

2) ○○를 좋아하는 고객군은 ○○맛과 ○○색을 선호한다. 해당 고객군이 많이 활동하는 곳으로는 ○○마트가 있다. (O)

3) ○○맛의 음료를 만들어 ○○색 포장지로 만들고, ○○마트에서 판매해야 한다. (X)

상황에 따라 다르지만 데이터 전문 조직에서 제언을 할 때, 지나치게 일반적인 내용을 제시하면 실행할 만한 인사이트가 없고, 지나치게 구체적인 방향성을 제시하면 현장 전문가들의 의견을 배제하는 것처럼 보인다. 그 중간쯤, 현장에서 활용할 수 있으면서도 구체적인 제언을 해야 한다.

7

데이터에 옷 입히기

청자에 맞추어 스토리를 공유한다

데이터를 공유하는 방법은 다양하다. 어느 것을 선택하느냐에 따라 데이터 스토리를 새롭게 구성해야 하는 경우도 있다.

지금까지 기업이 사용하는 흔한 방법으로는 데이터 자체를 공유하는 것이다. 현장에서 필요한 수치를 표에 채워주는 방법이 가장 흔한데, 빅데이터 비전문가가 사용할 수 있도록 엑셀 파일 등으로 공유하는 것이다. 빅데이터 비전문가가 다시 분석을 할 수 있도록 팩트 테이블을 공유하기도 한다. 그저 표를 채워주고 끝나는 경우가 많아서 데이터 전문가들에게는 별로 보람 없는 방법이기도 하다. 이런 것들은 대부분 조회하기 쉬운 방법으로 대시보드를 만들면 해결되기도 하므로, 개인적으로 가장 지양해야 할 방법이라고 생각한다. 데이터 분석에 드는 공수는 똑같은데, 그저 데이터 테이블로 전달되어 그 후 데이터 활용을 전혀 확인할 방법이 없기 때문이다.

반복적으로 확인 가능한 데이터는 단순 추출보다는 대시보드를 적극 활용해야 한다. 데이터 전문가가 단순 반복 추출을 하는 데 공수를 들이는 시간을 최소화하기 위해, 조금 더 시간을 들여 아예 대시보드를 만드는 것이다. 이 대시보드의 수준도 다양하다. 이용자가 얼마나 변환을 할 수 있는지, 데이터를 다운로드 받을 수 있는지 등에 따라서 개발 공수가 달라진다.

데이터 제공에서 그치지 않고 데이터를 분석하고 그에 따른 인사이트를 제공하는 방법 중에는 보고서 공유가 가장 많다. 보고서 공유 방법도 기업마다 문화 및 사용하는 툴이 매우 다양하다. 파이썬^{Python} 등을 사용하는 데 익숙한 사람들이 모여 있다면 주피터 노트북^{Jupyter Notebook} 화면을 그대로 공유하는 경우도 있다. 분석하는 데 필요한 코드와 결과 화면 자체를 공유하는 방식이다. 그러나 일반적으로 데이터 문외한이 함께 일하는 환경에서는 사용하기 어려운 방법이기도 하다.

대시보드와 보고서의 중간 형식으로 태블로^{Tableau}나 데이터 스튜디오Data Studio 등을 이용하기도 한다. 간단한 차트와 함께 헤드라인과 코멘트를 달 수 있는 툴이다. 차트를 구현하고 바로 분석가의 인사이트를 옆에 각주화하는 식이다. 이 툴의 단점으로는 계정당 비용을 지불하는 경우 전 직원이 이 툴을 보유하지 못하는 일이 많다는 것을 꼽을 수 있다. 그래서 일반적인 대기업에서는 아직 문서 형식으로 공유하는 경우가 많다.

보고서로 가장 흔히 사용하는 것이 파워포인트나 워드 등 문서로 공유하는 방법일 것이다. 보통 데이터 결과물을 나열하기보다는 인사이트의 개요 등을 정리해서 보고하는 용도로 사용하는 것이 일반적이다. 특정 기업들은 이 PPT를 만드는 데 시간이 많이 걸린다 하여, 메일이나 워드 등으로 간단하게 핵심만 정리해서 보고하는 문화를 가지고 있기도 하다.

내가 가장 많이 사용하는 방법은 파워포인트 등으로 문서를 만들고, PDF나 이미지 파일로 공유하는 것이다. 흔하고 공수가 많이 드는 방법이지만, 이 방법을 쓰는 이유는 '데이터 공유 세미나'를 열 때 활용할 수 있기 때문이다.

데이터 결과물을 문서로 전달해서 이해하고 활용한다면 좋겠지만, 실제로 변화를 만들어내기 위해서는 이해관계자가 한데 모여 논의하는 과정이 필요하다. 이때 자료를 띄워놓고 설명하고 논의를 이끌어내기 위해 데이터 세미나를 열곤 한다. 이 세미나에서는 보통 화면 공유를 하는데, 이때 가장 활용하기 편한 문서의 형식이 파워포인트나 키노트다. 문서 활용도가 높아서 즐겨 사용한다.

같은 주제라도 청자에 따라 스토리 구성을 달리해야 한다

이 책의 내용을 주제로 강의를 한다고 가정해보자. 데이터를 활용하고자 하는 사람을 대상으로 쓴 워크북 성격의 책이지만, 청자에 따라서 강의 구성은 달라진다. 개인 자영업자, 데이터를 처음 사용하는 사람, 데이터와 관련된 전공 학생, 데이터를 잘 다룰 줄 모르는 초심자, 데이터를 분석해본 경험이 있고 프로젝트로 발전시키고 싶은 회사원, 데이터 프로젝트를 지휘하는 임원 등. 이 주제를 어떤 사람들과 이야기하느냐에 따라 강의 내용과 구성이 달라질 수밖에 없다.

　사람마다 처한 상황이 다르고, 필요한 데이터가 다르다. 회사원이라면 어떤 기업인지, 어떤 조직 구성인지, 보스가 어떤 성향인지에 따라 보고 내용이 달라진다는 사실을 알 것이다. 청자의 성향을 파악하고 구성하는 것이 커뮤니케이션에서 매우 중요한 부분을 차지한다. 내가 십수 년 동안 해온 일이지만 여전히 가장 어렵다고 생각하는 부분이다.

　나는 연구소 등에서 일하는 경우가 많았고, 보통 기업 임원을 대상으로 데이터 결과 보고를 하는 업무가 많은 편이다. 따라서 임원을 대상으로 어떤 내용을 보고해야 할지, 어떤 의사결정 포인트가 있을지 평소 주의 깊게 들어둘 필요가 있다. 하나의 프로젝트에서 분석한 내용을 회사 내부의 어떤 조직과 공유하느냐에 따라 새로운 보고서로 구성하는 경우도 많다. 조직별로 필요한 내용이 다르고 의사결정자인지 리더인지 실무자인지에 따라서도 다르다. 이 모든 필요를 일일이 채워줄 수는 없지만, 적어도 대상에 따라 기본적인 스토리텔링을 다르게 할 필요는 있다.

Chapter 3.

데이터 기반 의사결정

실제로 적용하고 변화를 만들어낸다

8

액션 아이템 만들기

구체적이고 실현 가능한 플랜을 만든다

데이터로 제언을 한 후, 실제로 '무엇을 할지' 액션 아이템을 만들어야 한다. 사실 이 부분은 데이터 전문가보다는 실무 전문가가 더 잘한다. 제품 개발, 마케팅, 소비자에게 전달하는 방식과 홍보 방법 등이 액션 아이템에 속하기 때문이다.

　데이터로 제언을 만든 다음, 반드시 액션 아이템을 만드는 실무 협의를 진행해야 한다. 그러지 않으면 데이터는 상식으로 끝나버린다. 이는 '데이터 기반 의사결정Data Driven Decision Making'이 실행되는 중요한 단계로 실제 시장에 나아갈 방법을 구체화하는 단계다.

　액션 아이템은 어떤 특성이 있어야 할까. 제언하기 단계에서 지나치게 구체적인 내용은 좋지 않다고 말했다. 데이터 전문가는 현장 전문가가 아니기 때문에, 지나치게 간섭하면 오히려 좋은 성과를 내기 어려울 때도 있다. 제언사항을 현장 실무진에게 전달한 후에는 실무진이 기획하는 액션 아이템이 데이터 전문가의 제언보다 구체적일 것을 기대하는 편이 좋다.

방향성과 로드맵을 구체화하라

액션 아이템은 실제 실행 일정까지 포함해야 한다. 예를 들어, 제언 사항으로 '1인 가구 소비자가 구매할 밀키트 패키지를, 1인 가구가 많이 방문하는 것으로 추정되는 ○○매장과 ○○매장 등에서 판매해볼 것'이라고 말했다고 가정하자. 그렇다면 밀키트 패키지를 어떻게 구성할지, 공장과 어떻게 협의할지, 밀키트를 ○○매장에 언제부터 어떤 식으로 진열할지, 어떻게 홍보할지 의사결정하는 것이 액션 아이템이라고 볼 수 있다. 매우 많은 부서가 연결되어 일하는 상황이 올 수 있다.

　액션 아이템을 기획하면서 추가로 데이터 분석이 필요한 경우도 있다. ○○매장에서 어떤 제품이 많이 팔렸는지, 어떤 제품 조합이 많았는지 등을 추가로 분석해서 제품군을 결정할 수도 있다. 판매 시간대나 수량 등 기존 판매 데이터를 분석해 구체화할 수도 있다. 이렇게 의사결정 지점마다 데이터를 통해 좀 더 확신을 얻는 것이 '데이터 기반 의사결정'의 태도라고 볼 수 있다.

언제까지 제품을 만들어낼 것인지, 추가로 확인해야 할 사항은 없는지 실무자들과 함께 논의할 때도 데이터 전문가가 함께 하는 것이 좋다. 함께 성과를 낸다는 마음으로 실제 필요한 데이터를 보며 이야기를 진행하는 것이다. 물론 이때 액션 아이템과 실행 로드맵을 기획하는 여러 유관부서 간의 이해관계가 다를 수 있다.

따라서 데이터 기반 의사결정을 하고자 하는 기업의 문화나 관련 프로젝트에서 가장 중요한 것은 '의사결정자의 의지'다. 의사결정자는 여러 유관부서가 함께 일하도록 조직을 구성해야 한다. 그러지 않으면 옆 부서에서 성과를 가져갈 수 있다고 우려한 나머지 참여하지 않는 부서가 생겨 프로젝트가 와해되기도 한다.

모두가 있는 자리에서 열린 토론을 한다

내 경험상, 대표 및 팀장 이상의 의사결정자가 모두 배석한 자리에서 공론화되어 토론을 진행할 때 가장 강력한 성과를 낼 수 있었다. 데이터 및 액션 아이템 자료를 한곳에 열어놓고, 성과를 내려면 어떻게 해야 하는지 머리를 맞대는 것이다. '이 자료는 이미 알고 있다', '이런 자리는 의미가 없는 것 같다'는 태도를 가진 사람이 있다면 분위기가 안 좋아진다.

그러나 데이터에 반감을 가진 논의조차도 의미가 있다. 객관적으로 자료가 부족한지, 프로젝트를 진행하는 데에 반감이 있는 조직은 어디인지, 어려움이 무엇인지 허심탄회하게 이야기하는 자리가 될 수도 있다. 데이터가 부족하다면 피드백을 듣고 궁금한 점을 추가로 분석하면 된다. 만약 이 추가 분석을 끝없이 제공해도 지속적으로 반대 의견을 내놓는다면, 막연히 데이터를 두려워하는 조직이 어디인지 분명하게 드러난다. 데이터 자체를 거부하고 경험만으로 업무를 진행하겠다고 고집을 부리는 조직은 장기적으로 도태될 수밖에 없다. 우리 조직의 현황을 파악하려면 이렇든 저렇든 모두가 함께한 자리에서 이야기를 꺼내놓아야 한다.

액션 아이템은 실현 가능해야 한다

방향성을 골자로 하는 제언과 달리, 액션 아이템은 실제 실행을 염두에 두고 구체적으로 작성해야 한다. 실행 기한이나 일정도 병기하는 것이 좋다. 작정하고 성과를 내보자는 의지가 담기는 것이다. 지금까지와 다른 방식으로 진행한 의사결정이 부담스럽다면, 작은 테스트도 괜찮다. 하나의 매장에서 실험 삼아 해보아도 된다. 성과가 있다고 판단되면 서서히 늘려간다. 매장의 선정, 확장 방식도 데이터를 기반으로 진행하는 것을 권한다. 데이터로 프로젝트를 진행할 수 있도록 조직 문화와 체질을 바꾸어가

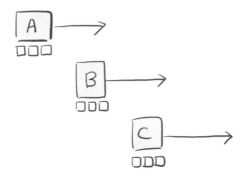

데이터에서 얻은 인사이트는 반드시 실행 계획과 함께해야 한다. 무엇을 실행할 수 있을지 생각하면서 한 분석과 그러지 않은 분석은 가치가 다르다.

는 과정이라고 보면 된다.

　기업이 아니라 개인인 경우, 데이터를 분석해서 매장 재배치, 제품 개선, 서비스 변화 등 이루고 싶은 일이 있었을 것이다. 목적에 따라 데이터를 수집했을 테니, 데이터가 가리키는 방향대로 액션 아이템을 설정하면 된다. 개인이기 때문에 부담이 될 수도 있지만, 더 빨리 변화를 꾀할 수도 있다. 그 누구의 동의도 얻을 필요가 없기 때문이다. 즉시 실행하고 빨리 변화하고 철회하는 것도 오로지 혼자 결정할 수 있다. 자신의 생각에 확신을 주는 증거를 찾는다는 마음으로 데이터를 수집하고, 스스로 실행할 액션 아이템을 기획하자.

(9)

현장의 변화 만들기

시장에 실제로 적용하고 데이터화한다

이제 액션 아이템을 실행할 때가 되었다. 데이터를 기반으로 인사이트를 얻고, 제언하고, 액션 아이템을 기획했다면 이제 실제로 시장의 변화를 시도해볼 차례다. 거창한 변화를 가져오라는 것이 아니다. 데이터로 의사결정을 했을 때 실제로 무엇이 검증되는지 체득하는 과정이라고 생각하면 된다.

극단적으로 말하면, 데이터를 기반으로 기획한 액션 아이템이 실패할 수도 있다(기업에서의 실패는, 기대한 만큼 판매가 잘되지 않는다는 의미일 것이다). 그렇지만 감수할 수 있을 정도의 실패를 미리 각오하고, 왜 성공하고 실패하는지 데이터로 바라본다는 자세로 실행에 옮겨야 한다. 실패했다고 다시는 데이터로 프로젝트를 기획하지 않겠다는 생각은 하지 않는 것이 좋다.

실제로 데이터와 현실이 잘 맞지 않는 경우가 간혹 있다. 이럴 때 어떤 점을 간과했는지, '질문-데이터-분석-인사이트-제언-액션 아이템-현실' 사이에서 어느 지점이 잘못되었는지 파악해야 한다. 다시 말하지만, 잘못은 언제든지 발생할 수 있다. 그래서 최대한 많은 데이터를 찾고 퍼즐을 맞추어 잘못된 부분이 최소화되도록 노력해야 하는 것이다. 그럼에도 불구하고 실패했다면, 원인이 무엇인지 알아야 한다. 실패의 원인을 알아야 다음의 실패를 피할 수 있기 때문이다.

현장의 목소리를 들어야 한다

현장이라고 하면, 실제로 판매가 이루어지는 접점을 상상해보기 바란다. 판매가 이루어지는 온/오프라인의 매장과 쇼핑몰 등이다. 이곳에서 우리가 기획한 액션 아이템이 실행되었을 때, 부작용이나 실행상 어려움이 발생할 수 있다. 이 부분을 간과하면 안 된다.

그렇다면 현장의 이야기를 가장 먼저 전달해주는 사람은 누구일까? 실제로 물건이나 서비스를 제공하는 사람이다. 기업에는 가장 중요한 사람이다. 아무리 좋은 제품을 만들어도, 현장에서 판매하지 않으면 소용이 없다. 아무리 좋은 서비스를 기획해도, 그 서비스가 제대로 소비자에게 닿지 않으면 안 된다. 실제로 제품과 서비스를 제공하는 사람들의 이야기가 바로 현장의 목소리다.

오프라인 매장을 예로 들어보자. 액션 아이템으로 새로운 메뉴를 개발했는데, 그 메뉴를 만들 때 손이 많이 간다고 가정해보자. 맛은 있는데 제조 시간이 너무 길어서 소비자가 오래 기다려야 한다거나, 제품을 만드는 사람이 수고를 많이 들여야 하는 상황이 될 수도 있다. 그런 제조상의 어려움까지도 데이터화하고 개선할 수 있다. 제조 시간, 매장 안에서의 동선, 암기해야 하는 메뉴 제조 단계 등도 모두 측정 가능한 데이터이기 때문이다. 이러한 현장의 목소리를 미처 깨닫지 못하고 새로운 제품이 시장에 나가기도 하는데, 이때 빠르게 단점이나 잘못을 개선하려는 자세가 필요하다.

온라인을 예로 들어보자. 야심 차게 기획했지만 검색 상위에 오르지 못했다. 혹은 제품에 대한 설명이 소비자에게 제대로 전달되지 않았다. 이런 내용을 빠르게 개선하는 것이 A/B 테스트

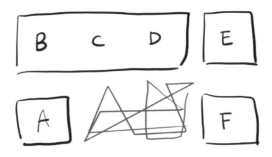

사람의 실제 움직임과 제품 제조 동선을 고려하는 것도 필요하다. 제조 시간, 동선 거리, 실행해야 하는 행동의 개수도 데이터로 환산할 수 있다.

다. 온라인의 경우, 미리 몇 개의 실험 상황을 세팅해놓고 변화를 주는 방법도 있다. 여러 안을 만들어 반응에 따라 최적을 선택하는 것이다.

　기업이 아닌 개인이라면 실행을 스스로 했기 때문에 개선도 빠르게 진행할 수 있다. 데이터로 보는 것보다 실제로 체감하는 경험을 무시할 수 없다. 제품을 만드는 데 어떤 부분이 불편한지, 어떻게 하면 효율적으로 운영할지 알아내기 위해 생각하는 과정이 필요하다. 이때 다른 사람이 만든 데이터가 필요하다기보다는 오히려 자기 경험을 데이터화하는 과정이 필요하다. 제품을 한 개 만드는 시간이 균일한지, 병목현상이 일어나는 부분은 어디인지, 개선할 수 있는 단계는 어디인지, 모두 개인이 데이터로 기록할 수 있는 부분이다. 데이터화한다는 말을 거창하게 생각하지 않아도 된다. 노트나 메모지에 끼적거려 두어도 된다. 다만, 개성을 지키기 위해 고집부려야 할 부분과 개선할 부분을 구분해야 한다. 아무리 오래 걸려도 지켜야 할 것이 있고, 효율을 위해 개선할 것이 있다. 이 모두는 데이터로 가시화할 수 있고, 스스로 생각하는 능력을 키워나가는 데 도움이 된다.

소비자의 반응 포착하기

성과를 검증하고 성장 동력으로 삼는다

현장의 반응과 함께 따라오는 것이 소비자의 반응이다. 사실 현장 반응을 들을 때는 소비자 반응도 놓치지 말아야 한다. 소비자와 가장 가까이 있는 인력의 목소리를 듣는 것은 중요하다. 현장에서 느끼는 소비자의 반응은 데이터만으로 알아낼 수 없는 부분을 메울 수 있는 소중한 정보다.

소비자의 반응은 바로 매출과 직결된다. 데이터로 기획한 프로젝트에서는 매출 성과도 면밀히 살펴보아야 한다. 얼마나 매출을 올렸는지도 중요하지만, 왜 그 매출이 나왔는지를 뜯어보아야 한다. 따라서 기획 의도에 대한 측정 방법도 미리 기획해 놓는 것이 좋다. 기획대로 되었는지 확인하고 검증할 방법을 마련해두는 것이다.

기업에겐 소비자가 가장 소중하다

여러 글과 강연에서 반복적으로 이야기하는 것은, 기업이 소비자를 알기 위해 노력해야 한다는 점이다. 소비자를 알기 위해 데이터를 분석한다고 해도 과언이 아니다. 매출 분석은 결국 그 돈을 지불한 소비자에 대한 이해가 근본이 되어야 한다. 소비자의 반응을 빨리 잡아채야, 무엇이 잘되고 있고 잘못되고 있는지 알 수 있다.

소비자가 만족한다면 자연스럽게 그 매장이나 제품을 다시 찾을 것이다. 혹여나 다시 오고 싶지 않게 만드는 요인이 있는지도 살펴보아야 한다. 그걸 알아야 다시 새로운 기획을 하고, 실수를 반복하지 않는다. 실패가 실패로 끝나게 두어서는 안 된다.

상당히 많은 사람이 '기업이 소비자 데이터를 모으는 것'이 소비자의 개인정보를 침해하거나 기업이 원하는 방향으로 행동을 유도하는 데 사용된다고 생각한다. 실제로 소비자 데이터를 모으는 일 자체에 부정적 시각을 지닌 사람도 있다. 악용 사례가 있었기 때문에 우려하는 것은 이해할 만하다.

그러나 '기업이 소비자를 알려고 하지 않는 것'이 훨씬 더 나쁘다. 구더기 무서워 장 못 담그는 격이 되면 안 된다. 소비자를 알기 위해 힘껏 애써야 한다. 소비자를 조종하기 위해서가 아니라, 소비자가 무엇을 원하는지 알기 위해서다. 소비자가 원하는 것을 제공하고, 소비자가 귀찮아하거나 싫어하는 점을 알아내 제품과 서비스를 개선해야 한다.

따라서 제품이나 서비스 출시와 함께 소비자의 반응을 잡을 방법을 미리 기획해놓아야 한다. 나중에 알려고 해도 흘러가버린 소비자의 반응을 잡지 못하는 일이 생긴다. 소비자의 어떤 반응이 원하는 반응인지 미리 기획하고, 반응을 집계하기 위한 방법도 고안해놓아야 한다. 그래야 데이터로부터 나온 제품과 서비스의 성과를 정확하게 측정할 수 있다.

성과 리뷰 세미나를 다시 한 번 열자

매출 실적으로만 성과를 갈음하는 경우가 있다. 그러나 성적에 대한 오답 노트를 만들 듯이, 잘하고 잘못한 점을 짚어보는 시간을 갖는 것이 좋다. 바로 성과 리뷰 세미나를 개최하는 것이다. 누구 한 사람의 책임을 묻고자 하는 자리가 아니라, 소비자의 마음을 어떻게 얻었고 왜 얻지 못했는지 회고하는 자리다. 데이터가 자신을 돕는 것이 아니라, 잘잘못을 따지고 질책하는 수단이라고 생각한다면 데이터를 가지고 다시 일하고 싶어지지 않을 것이다.

성과 리뷰 세미나에 담길 주요 내용은 실적을 기본으로 하되, 애초에 기획했던 내용에 대한 검증이 주가 되어야 한다. 우리가 타깃으로 했던 소비자가 실제로 구매를 했는지, 실적은 좋았지만 의외로 우리가 타깃으로 했던 소비자가 아니라 다른 소비층을 건드린 것은 아니었는지 등을 검토한다.

이 검증을 거듭하면, 새로운 프로젝트 기획으로 이어지기도 한다. 애초에 기획한 것이 생각보다 잘되면 2차, 3차 프로젝트로 나아간다. 시즌제로 진행할 수도 있다. 신제품이 생각보다 잘 되었는데 의도했던 타깃층과 달랐다면, 제대로 된 타깃을 잡고 홍보와 마케팅 방법을 달리할 수도 있다. 생각보다 잘되지 않았는데 어떤 가능성이 확인되었다면, 기획을 수정해서 새로운 프로젝트를 추진하기도 한다.

소비자의 반응을 다시 한 번 확인해야 데이터가 새로운 성장 동력이 된다. 성공과 실패 여부를 떠나, 기업이 소비자 중심으로 더욱 발전하는 모습으로 변모할 수 있다.

　데이터가 개인의 성과를 측정하고 책임을 묻는 데 사용된다는 조직 분위기를 없애야 한다. 데이터 자체에 대한 거부감과 두려움이 생기기 때문이다. 데이터에 대한 거부감을 들여다보면, 의사결정자가 질책하는 것에 대해 두려움을 느끼는 경우가 많다. 이 두려움 탓에 데이터 활용이나 데이터 조직의 활동 자체를 거부하거나 비협조적인 자세가 나오기도 한다. 이를 바꾸기 위해서는 다시 한 번, 의사결정자들의 과감한 결단과 의지가 필요하다. 단순하게 직원의 실적과 순위 매기기 수단으로만 데이터를 사용한다면, 그 조직에서는 앞으로도 데이터가 잘 활용되기 어려울 것이다.

　따라서 기업이 더 나은 방향으로 나아가기 위한 성장 동력으로 데이터를 가감 없이 활용하는 것을 명시하면서, 평가 수단으로 사용하지 않으려고 노력해야 한다. 데이터가 사람을 위해 일하는 것이지, 데이터가 사람을 평가하고 괴롭히는 존재라고 인식되어서는 안 된다.

Chapter 4.

10가지 질문으로 살펴보는
데이터 쓰기의 기술

데이터 디자인 적용하기

《데이터 읽기의 기술》에서 '데이터가 알려주는 소비자의 마음 10가지'를 말한 바 있다.

1. 소비자의 마음은 매출 데이터가 알려준다.

2. 소비자의 마음은 영수증 한 장에 들어 있다.

3. 소비자의 마음은 날씨에 따라 달라진다.

4. 소비자의 마음은 가끔 거짓말을 한다.

5. 소비자의 마음은 어떤 장소에 있는지에 따라 달라진다.

6. 소비자의 마음은 시간에 따라 바뀐다.

7. 소비자의 마음은 성별이나 나이로 구분할 수 없다.

8. 소비자의 마음은 요소를 나누어보면 알 수 있다.

9. 소비자의 마음은 반응 속도를 보면 알 수 있다.

10. 소비자의 마음은 모바일이 알고 있다.

《데이터 읽기의 기술》에서는 각 주제별로 데이터로 낼 수 있는 아웃풋을 이야기했다면, 이 책에서는 이 아웃풋을 만들어내는 과정을 사례를 들어 설명하고자 한다.

이 케이스는 사람들이 품는 질문을 중심으로 시작한다. 그 질문에 대해 문장을 쪼개고 분석하여 스토리를 만들어가는 과정을 기술하고자 한다. 이 책을 읽는 개인이 어떤 업종에 종사하는지, 어느 규모의 회사에 다니는지, 개인사업자인지 알 수 없으므로 여러 관점에서 생각을 따라가보도록 여러 질문을 해보았다. 자신의 상황에 적용해볼 핵심 사항을 찾아보기 바란다.

이 케이스들은 직접 분석을 진행했던 프로젝트를 기반으로 작성했으나, 관점에 따라 기업 대외비를 언급하는 것으로 보일 수 있으므로, 일반적으로 생각을 따라가는 케이스로 각색했음을 미리 말해둔다.

case 1. 소비자의 마음은 매출 데이터가 알려준다

이번 달 매출이 확 줄었는데 도대체 뭐가 잘못된 걸까?

case 2. 소비자의 마음은 영수증 한 장에 들어 있다

대학교 앞 카페에서 왜 샷 추가를 많이 했을까?

case 3. 소비자의 마음은 날씨에 따라 달라진다

한겨울 퇴근시간, 편의점에서는 왜 칼로리 높은 식품이 잘 팔릴까?

case 4. 소비자의 마음은 가끔 거짓말을 한다

소풍용 돗자리를 30대 남성들이 사간 이유는?

case 5. 소비자의 마음은 어떤 장소에 있는지에 따라 달라진다

회사에서의 나와 관광지에서의 나는 같은 사람일까?

case 6. 소비자의 마음은 시간에 따라 바뀐다

금요일 밤에 내가 올린 동영상 조회 수가 폭발하는 이유는 뭘까?

case 7. 소비자의 마음은 성별이나 나이로 구분할 수 없다

원두를 구매하는 고객은 어떤 사람들일까?

case 8. 소비자의 마음은 요소를 나누어보면 알 수 있다

저 손님은 왜 늘 핫초코와 초콜릿 케이크를 함께 주문할까?

case 9. 소비자의 마음은 반응 속도를 보면 알 수 있다

지난번에 1시간 만에 완판된 제품이 왜 이번에는 반응이 없는 걸까?

case 10. 소비자의 마음은 모바일이 알고 있다

내 매장 앞을 스쳐 지나가는 사람들은 얼마나 될까?

소비자의 마음은
매출 데이터가 알려준다

"이번 달 매출이 확 줄었는데 도대체 뭐가 잘못된 걸까?"

매장을 열고 자영업을 시작한 지 얼마 안 되었는데 이번 달 매출이 부쩍 떨어졌다. 다들 어렵다고는 하는데, 잘되는 집은 또 잘되는 것 같다. 내가 잘못해서 매출이 떨어진 거겠지? 생각하다보니 자신감이 떨어지는데, 뭘 해야 할지 모르겠다. 이번 달 매출이 떨어진 건 내 잘못일까? 일시적인 현상일까? 무엇이 잘못되었을까?

단 하나의 원인을 밝히는 것은 대단히 어려운 일이다. 원인을 모두 파악한다면 매출 상승과 감소도 예측할 수 있을 텐데, 그런

완벽한 예측은 불가능하다고 생각한다. 다만 통계학적으로 추세를 따라 예측 모델을 만들어볼 뿐이다.

나는 일회적으로 예측 모델을 만드는 것은 큰 의미가 없다고 생각한다. 매출이 감소할 것 같다고 예측되었을 때 '의지'를 가지고 그 현상을 개선해야 하기 때문이다. 이러한 의지치의 반영이 앞으로 어떤 영향을 미칠지, 어떤 요인으로 작용할지 모두 계량화할 수는 없다. 예측 모델을 만든다 해도 시장 상황을 반영해 지속적으로 개선해야 한다.

좋은 모델을 만드는 것은 초심자에게 어려운 일이다. 따라서, 매출 증감에 대해 자신이 손꼽아볼 수 있는 원인을 구분해 정리하는 것을 권한다. 미래를 예측하겠다는 어려운 관점이 아니라, 지금까지의 매출 요인을 나누어본다는 식으로 접근하는 편이 낫다. 매출에 대해 최대한 작은 단위로 데이터를 모아놓고, 원인을 살펴보는 단계를 차근차근 진행해보자.

1. 데이터 디자인 – 질문하기

매장 매출이 감소했는데 내가 잘못해서 그런 걸까? 다른 원인은 없는가? 불경기라고는 하지만, 내가 더 해볼 수 있는 건 없을까?

2. 데이터 디자인 - 문장 쪼개기

- **매장 매출이 감소했는데**: 언제보다 감소했는가? 어제? 지난주? 지난달? 작년? 같은 기간? 같은 요일 간 비교하고 있는가?

- **내가 잘못해서 그런 걸까?**: 매출 감소에 어떤 요인이 있는가? 모든 요인이 감소 이전과 동일한가? 매장 인테리어, 메뉴, 간판, 식기 등이 같은데도 감소했나? 어떤 광고나 홍보 수단이 추가되거나 없어졌는가? 판매하는 사람이 바뀌었나? 제품 진열이나 제품 구성이 바뀌었나? 서비스나 맛에 변화가 있었나?

- **다른 원인은 없는가?**: 매장 매출에 영향을 미치는 외부 요인은 없나? 시장 상황이 정말 바뀌었나? 이 상권에 방문하는 사람이 줄거나 늘었나? 주변에 나와 비슷한 제품을 판매하는 매장이 생겼나? 아니면, 코로나나 메르스같이 개인이 저항할 수 없는 일이 일어났나? 비가 많이 오거나 춥거나 더워지는 등 날씨 변화가 있었나?

- **불경기라고는 하지만**: 외부 영향이라는 근거는 무엇으로부터 얻었는가? 그냥 체감하기에 그런 것인가, 실제로 유사한 업종의 많은 매장이 외부 영향을 받고 있는가?

- **내가 더 해볼 수 있는 건 없을까?**: 마냥 경기가 좋아지기를 바랄 수 있을까? 어려운 상황 속에서 해볼 수 있는 일을 다 해보

았는가? 지치고 불안한 마음 때문에 조바심을 내는 상황인가? 매출이 감소한 원인으로 꼽은 것 중 개선할 수 있는 것이 하나도 없을까?

3. 데이터 디자인 – 데이터 찾기

- **매장 매출이 감소했는데**: 언제보다 감소했는가? 어제? 지난주? 지난달? 작년? 같은 기간? 같은 요일 간 비교하고 있는가?

  ⇒ 연월일시가 표기된 매출 데이터를 확보해야 한다. 일자나 월 단위로 통계 처리된 데이터를 가지고 있는 경우가 많은데, 최대한 작은 시계열 단위로 확보하면 좋다.

- **내가 잘못해서 그런 걸까?**: 매출 감소에 어떤 요인이 있는가? 모든 요인이 감소 이전과 동일한가? 매장 인테리어, 메뉴, 간판, 식기 등이 같은데도 감소했나? 어떤 광고나 홍보 수단이 추가되거나 없어졌는가? 판매하는 사람이 바뀌었나? 제품 진열이나 제품 구성이 바뀌었나? 서비스나 맛에 변화가 있었나?

  ⇒ 매장의 요소를 나누어볼 수 있는 리스트를 만들어본다. 이 리스트를 만들 수 없다면, 리스트가 없는 것 자체가 문제일 수

있다. 관리를 전혀 하지 않았다는 뜻이기 때문이다.

- 매장의 물리적인 요인: 간판, 메뉴판이 읽기 편한지 여부, 인테리어, 선반이나 의자와 테이블 같은 가구, 전체적인 색이나 소품 등
- 제품이나 서비스 요인: 제품과 음식의 시각 요인, 실제 맛, 내구성, 서비스 구성 등
- 인력 요인: 제품이나 서비스를 제공하는 인력의 변화, 소비자를 대하는 태도, 인력 간의 조합, 전문성 등
- 소비자 요인: 소비자 반응(정성적인 관찰, 정량적인 만족도), SNS 게시물, 단골 소비자 유무 및 재방문 여부, 새로 방문하는 고객, 매장에 머물다가 떠나는 고객의 비율 등

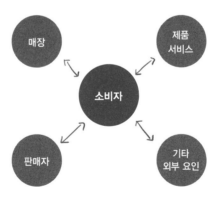

소비자가 구매를 할 때 영향을 받는 요인을 정리해서 무엇이 변하는지 살펴볼 필요가 있다. 무엇이 변했는지조차 알지 못한다면 소비자가 왜 우리 브랜드를 구매하거나 떠났는지 단서를 찾기 어렵다.

- **다른 원인은 없는가?**: 매장 매출에 영향을 미치는 외부 요인은 없나? 시장 상황이 정말 바뀌었나? 이 상권에 방문하는 사람이 줄거나 늘었나? 주변에 나와 비슷한 제품을 판매하는 매장이 생겼나? 아니면, 코로나나 메르스같이 개인이 저항할 수 없는 일이 일어났나? 비가 많이 오거나 춥거나 더워지는 등 날씨 변화가 있었나?

  ⇒ 오프라인 매장의 경우, 상권 정보: 상권의 유동인구 변화 데이터(국가에서 제공하는 사이트 활용), 지역 인구 변화, 상권 관련 부동산 정보 등 특정 상황으로 인한 주요 유통채널 등의 매출 증감에 대해 기사를 검색해본다.

- **불경기라고는 하지만**: 외부 영향이라는 근거는 무엇으로부터 얻었는가? 그냥 체감하기에 그런 것인가, 실제로 유사한 업종의 많은 매장이 외부 영향을 받고 있는가?

  ⇒ 상권 내 유사 업종 리스트업, 검색 트렌드, 유사 업종 추세를 찾아본다.

- **내가 더 해볼 수 있는 건 없을까?**: 마냥 경기가 좋아지기를 바랄 수 있을까? 어려운 상황 속에서 해볼 수 있는 일을 다 해보았는가? 지치고 불안한 마음 때문에 조바심을 내는 상황인가?

매출이 감소한 원인으로 꼽은 것 중 개선할 수 있는 것이 하나
도 없을까?

⇒ 앞서 모은 데이터 중 자신이 간과했거나 신경 쓰지 않았던
부분을 체크한다. 바쁘다는 이유로 놓친 부분을 살펴보는 시
간을 하루라도 확보해야 한다.

4. 데이터 디자인 – 데이터 분석하기

일단 데이터 비전문가에게는 시계열 단위로 이리저리 쪼개어 매
출을 분석하기를 권한다. 최대한 작은 단위, 즉 '연월일시분초'
까지 있으면 가장 좋은데, 분 단위 이하는 관리하기가 어려울 수
있으니 시간 단위까지라도 매출을 집계해 확보하는 것이 좋다.
그 시간에 어떤 제품이 팔려서 그 매출이 확보되었는지도 시간
별로 정리해보는 것이 필요하다. 데이터를 잘 다룰 수 없다면, 어
렵겠지만 손으로 적어서라도 비교할 수 있는 판을 만들어보자.

손으로 적어볼 수 있는 판의 예시는 다음과 같다. 일단 요일
별, 시간별로 칸을 나누어 이번 주 판매를 적어보자. 판매 품목
을 셀 때, 바로 계산하기 어렵고 하나씩 살펴보아야 하는 상황
이라면 바를 정正 자로 적어두었다가 나중에 합산해도 된다. 어

떤 제품이 언제 팔렸는지 볼 수 있도록 자동화되어 있지 않다면, 일단 자신이 언제 무엇으로 돈을 벌고 있는지 차근차근 살펴볼 필요가 있다.

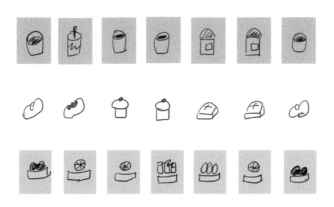

7일 동안 요일별로 아침, 점심, 저녁에 어떤 판매 패턴이 있는지 파악해보자. 만약 매우 비슷한 패턴이 있는 날이 있다면 그룹을 만들어 관리하면 된다.

이렇게 집계한 매출 데이터로부터 다음과 같은 예시를 만들어내면 된다.

요일별 데이터는 '주중/주말' 같은 기준으로 다시 나누어볼 수 있다. 물론 데이터를 확인해 그룹으로 만들기에 타당한 패턴을 발견한 다음이다.

시간대별 판매 비교

의미 있는 그룹별로 나누어 차트를 다시 만들 수 있다.

주말

주중

매출↑

월별

> 1년 동안의 월별 패턴을 그려보자. 판매 시기별로 영향을 더 받거나 적게 받는 요일이 있을 수도 있다.

5. 데이터 스토리텔링 – 데이터 퍼즐 맞추기

낱개의 분석을 진행해보았다. 이 낱개 분석들을 흩었다가 모으는 작업을 해본다. 이때 나는 키워드를 적어 모았다가 흩는 과정을 반복해보고는 한다. 하나의 분석이 다른 분석과 연결되기도 하고 분리되기도 하기 때문에 앞뒤로 논리가 맞는지 확인하기 위해서다.

매장의 월 매출이 전년 같은 달 대비 감소했고, 바로 직전 달보다도 감소했다는 것이 확인되었다. 매출의 감소폭은 10퍼센트 정도라고 가정하자. 이 10퍼센트의 감소 원인을 밝히는 것이 필요하다. 지난달과 작년 같은 달 대비해서 무엇이 같이 감소했는지를 밝혀야 한다.

발견한 내용의 키워드를 메모지에 적어보고, 새로운 목차나 인사이트 덩어리를 만들어볼 수 있다. 어떤 내용을 앞뒤에 두는 것이 나은지 전체를 조망하는 시간이 필요하다.

감소한 내용을 살펴보니 상권 자체의 유동인구가 줄어들었을 수 있다. 그리고 평일 매출 감소보다는 주말 매출 감소가 더 주요한 원인이었다.

6. 데이터 스토리텔링 – 변화를 만들 제언하기

주중에는 회사로 출퇴근하는 고정 고객이 확보되는데, 왜 주말에는 상권이 활성화되지 않는가? 전년 대비 주말의 유동인구 자체가 줄어들어, 상권 유입 대비 매장을 찾는 고객도 주말에 감소한 것으로 보인다. 주말에 방문하는 고객층의 변화가 매출 감소에 영향을 주는 주요 요인인 것 같다.

그렇다면 이 주말 고객층을 다시 끌어들일 방법은 없을까? 혹은 아직 남아 있는 고객층의 특성을 더욱 자극해 그들이 소비를 더 많이 하도록 제품을 권해주는 방법은 없을까? 아니면, 아예 주말 고객은 포기하고 주중에 방문하는 고정 고객을 위한 매출 증진 방법은 없을까? 다양한 각도로 살펴보다가, 점차 가닥이 잡히는 방향성에 대한 추가 분석을 진행해야 한다.

각각의 분석을 이어 이야기를 만들어내고 방향성을 제시한다. 주중 고객 특성, 주말에 방문하는 고객 특성, 주말에 방문하지 않는 고객 특성으로 세 가지를 잡아본다. 이 각각의 고객들이 많이 구매하는 제품을 목차로 만들고, 이 고객들을 더 만족시킬 수 있는 제품 판매 방법을 찾는 것이 방향성이 된다.

7. 데이터 스토리텔링 – 데이터에 옷 입히기

개인 사업체라면 이런저런 분석을 진행하면서 본인이 데이터를 이해하는 그 자체로 의미가 있을 것이다. 그러나 기업이나 함께 일하는 사람에게 공유해야 한다면, 앞으로 매장에서 진행할 방향에 대해 핵심을 짚어주는 자리를 마련하는 것도 좋다. 문서든, 설명하는 자리든, 그 자리에서 종이에 그리든 상관없다. 자신이 가장 잘하는 방법으로 진행하면 된다.

이번 분석에서는 주중/주말 고객을 나누고, 그중 떠나간 고객

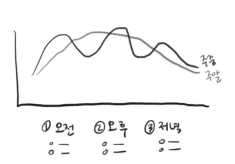

고객 그룹을 주중 고객과 주말 고객으로 나눌 수 있다. 그들이 오전과 오후, 저녁 시간대에 어떻게 다른 행동을 하는지 파악할 수 있는가? 이 특징을 정리할 수 있다면 처음 만나는 판매원에게도 시간대별 판매 전략을 전달할 수 있다.

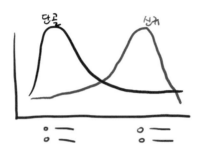

단골 고객 vs 신규 고객

> 고객 그룹을 구매한 적이 있는 고객의 재구매와, 신규 고객의 구매로 구분할 수
> 있다면, 기존 고객에 대한 마케팅을 구분해 제시하고 효과를 측정할 수 있다.
> 이번 매출 증가가 재구매로 인한 것인지 신규 구매로 인한 것인지 안다면 다음
> 을 기획하는 데에도 도움이 된다.

군에 대해 추가로 살펴보았으므로, 이 고객들을 한눈에 구분할
수 있는 한 장이 핵심 내용이 될 것이다.

8. 데이터 기반 의사결정 – 액션 아이템 만들기

주중 고객과 주말 고객이 어떤 제품을 사는지 확인했고, 주말 고
객의 제품 구매 품목과 판매 시간대에 차이가 있었다고 가정하자.

예로 화장품의 스킨케어 제품은 주중/주말에 판매가 동일한데, 평일에는 화장솜이나 퍼프 등 주변 제품이 많이 팔리고, 주말에는 립스틱 같은 색조 제품이 많이 팔리는 경향이 있었다.

그렇다면 할 수 있는 액션은 크게 두 가지다. 잘 팔리는 제품을 더 잘 팔리게 하거나, 안 팔리는 제품이 팔리도록 하는 것이다. 잘 팔리는 제품을 더 눈에 띄는 선반에 몰아주고, 금액 할인보다는 제품을 더 많이 구매할 수 있는 이벤트도 진행하고, 재구매 시 혜택을 주는 방법도 있다. 안 팔리는 제품은 잘 팔리는 제품과 함께 활용하는 예시를 보여주거나, 할인을 강조할 수도 있다.

사실 이렇게 진행하는 큰 방향성 자체는 정해져 있다. 할 수 있는 액션은 다양하지만 몇 개의 가닥으로 나누어진 것인데, 어떤 액션을 선택할지가 더욱 큰 문제다. 이 의사결정을 해나가는 데는 데이터도 필요하지만, 실제 적용시 고객 반응을 바로 감지해 체득하는 역량도 필요하다.

9. 데이터 기반 의사결정 – 현장의 변화 만들기

이제 실제 적용 방향을 하나씩 테스트해볼 필요가 있다. 가장 먼저 '잘 팔리는 것을 더 잘 팔리게 해보자'는 방향으로 결정했다고 가정하자. 주중에 스킨케어와 그 외 화장솜을 구매하는 고객들의 평균 구매 금액을 살펴보니(영수증 단위의 1회 구매 금액), 2만 원 안팎이었다. 이때 3만 원 이상 구매시 혜택을 주었을 때 1만 원 정도의 매출 상승이 있어 50퍼센트에 해당하는 매출 증가처럼 보이지만, 그 혜택의 원가가 3,000원 정도여서, 실제 매출 증가는 7,000원 정도였다.

모든 이벤트가 구매를 늘리는 효과가 있을 수 없기 때문에, 일단 3만 원 이상 구매 혜택에 대한 계획을 세워 반응률을 살펴볼 수밖에 없다. 2만 원 안팎이 이미 지불 가능 금액대이지만, 3만

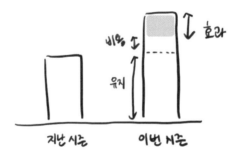

이번 판매 기간에 새로운 것을 시도했는가? 만약 특별한 프로모션을 진행하지 않은 지난 판매 기간보다 매출이 올랐다면 프로모션을 하지 않았더라도 판매되었을 부분과, 프로모션을 진행하면서 든 비용을 제외한 비용이 효과가 된다.

원이 생각보다 도달하기 어려운 금액대일 수도 있다. 이렇게 여러 가지 가정을 염두에 두고 하나씩 반응이 가장 좋은 방법을 시도해본다.

10. 데이터 기반 의사결정 - 소비자의 반응 포착하기

소비자가 생각보다 내 시도에 반응을 보이지 않을 수 있다. 고객이 많이 들어온 것 같기는 한데, 구매까지 이어지지 않는다. 이번 주에 들어온 고객의 수를 세어보니, 이벤트를 진행할 때 평소보다 20퍼센트 더 많은 고객이 들어오기는 했다. 그런데 구매까지 연결된 고객은 이전보다 거의 늘지 않았다고 해보자. 소비자가 망설이는 지점이 사고는 싶은데 구매 금액대가 높아서인지, 제품이 썩 내키지 않아서인지, 이미 지난번에 사고 남은 제품이 집에 있기 때문인지에 따라 개선점은 달라진다.

이렇게 진행했던 프로젝트가 성공하든 실패하든, 매출을 구성하는 요인을 살펴보고 개선해보는 경험이 중요하다. 주중 판매 증가에 실패했다면, 다음번에는 주말 고객을 대상으로 색조 화장품을 더 팔아볼 계획을 세워보는 것이다. 주말 고객 중 구매력이 많았던 장년층보다 젊은 고객이 더 많아졌다면, 젊은 고객을 대상으로 판매할 색상에 더 집중하거나, 포장 방법을 바꾸거나, 젊은 고객이 더 자주 사용하는 플랫폼으로 홍보 채널을 이동해본다.

그 젊은 고객들이 어떤 제품을 사용하는지 모르겠다면, 단골 고객이든 가족이든 지인이든 인터뷰라도 시도해보자. 인터뷰가 데이터와는 거리가 멀게 보일지라도, 어떤 데이터를 보아야 할지 단서조차 없는 상황이라면 인터뷰로 감을 잡는 것도 필요하다. 그 감을 바탕으로 데이터 분석을 다시 시작한다. 아무 바탕 없이 데이터로부터 효과를 얻어낼 수 있으리라 기대한다면, 길을 많이 돌아서 가게 된다.

소비자의 마음은
영수증 한 장에 들어 있다

"대학교 앞 카페에서 왜 샷 추가를 많이 했을까?"

대학교 앞의 한 카페. 시험 기간이 되니 테이크아웃 손님이 많아진 것 같다. 매장 좌석에는 공부를 하기 위해 자리를 차지한 '카공족' 손님이 많이 있다. 테이크아웃 손님들은 텀블러에 커피를 담아 분주하게 떠난다. 밥 먹을 시간도 아까운지 샌드위치를 함께 사가는 손님도 늘었다.

카페 주인은 조금 이상한 점을 발견했다. 테이크아웃 손님들의 샷 추가가 유난히 늘어났기 때문이다. 심지어 아이스커피를 시키면서, 물을 채우지 않고 얼음만 담아가는 경우도 있다. 에스프레소 샷과 얼음만 텀블러에 담아가는 것이다. 이런 손님이 한두 명인 줄 알았는데, 최근 꽤 많아졌다고 느꼈다.

영수증, 즉 POS에서 쌓이는 데이터는 이커머스$^{E-Commerce}$의 장바구니와 비슷하다. 한 소비자의 구매 단위와 그 구매에서 일어나는 품목의 성향을 살펴볼 수 있다. 그 제품을 구매한 매장의 위치, 구매 시점도 명시되어 있다. 이 영수증 데이터만 잘 분석해도 소비자의 구매 성향 중 많은 부분을 파악할 수 있다.

매장 위치 데이터는 매장 유형과 연결해서 분석할 수 있다. 체인점이 여러 곳 있는 경우라면 비교가 더욱 확실해진다. 특정 지역이 될 수도 있고, 특정 매장 유형이 될 수도 있다. 쇼핑몰 안에 있는 매장인지, 대학가에 있는 매장인지 등을 유형화해 정리해두면 매장들을 그룹 지어 분석할 수 있다.

구매 시점이나 판매 기간도 비교하기 좋은 데이터다. 시계열 데이터는 다른 이벤트와 연결할 수 있는 단서가 된다. 하루 생활 패턴과 연결할 수도 있다.

제품 정보도 따로 상세히 정리해두면 보고 싶은 관점으로 분석이 가능하다. 예를 들어 '초코 쿠키'라는 제품이 있다면, 초콜릿이나 쿠키라는 제품에 대한 속성, 밸런타인데이 기간에만 판매되었다는 특성, 포장지 색깔, 개수와 중량 등을 잘 작성해두면, 다음에 다른 쿠키를 판매한 실적과 비교할 때 '중량에 따른

판매 실적 비교'라든지 '다른 재료를 조합한 쿠키에 대한 비교'
가 가능하다.

자, 그럼 다시 돌아가서 대학교 앞 카페 주인을 상상하며 데이
터 디자인을 시작해보자.

1. 데이터 디자인 – 질문하기

왜 시험 기간에 샷 추가를 많이 할까? 시험 기간이 되었으니 잠
을 깨기 위해서일까? 그냥 카페인이 엄청나게 많이 든 에너지 음
료를 팔면 어떨까?

2. 데이터 디자인 – 문장 쪼개기

- **왜 시험 기간에**: 시험 기간이라서 그런 걸까? 혹시 시험이 아
  니라, 이달에만 그런 건 아닐까? 샷 추가 커피 판매가 학기별
  로 중간고사, 기말고사 기간과 맞물리는가?
- **샷 추가를**: 샷 추가란, 기존에 추가하지 않던 사람이 샷을 추가
  하는 것을 말하는 걸까? 아니면 진한 커피를 마시는 사람들이

늘어난 걸까?

- **많이 할까?**: 언제보다 많이 하는가? 동기간을 비교해야 할까? 작년과 비교해야 할까? 아니면 시험 기간과 아닌 기간을 나누어 비교할 수 있을까? 얼마나 늘어나야 많은 것일까?

- **시험 기간이 되었으니**: 시험 기간은 명시적인 기간인가? 며칠부터 며칠까지라고 규정할 수 있는가? 아니면, 특정 기간의 전후 1~2주까지 잡는 것이 필요할까? 기간을 설정할 때 참고할 만한 공지사항이나 사람들의 증언이 있을까?

- **잠을 깨기 위해서일까?**: 공부를 더 많이 하기 위해 잠을 깬다는 전제로 생각한 문장일 것인데, 실제로 샷 추가를 하는 이유는 무엇일까? 정말 졸음을 참기 위해 그런 것일까?

- **카페인이 엄청나게 많이 든**: 졸음을 참기 위해 샷 추가를 한다고 전제하면, 카페인 양이 주요한 판매 증가 원인일까? 카페인이 많이 들었다는 것은 어느 정도의 양을 말하는가? 카페인 섭취에 대한 기준치나 권고사항이 있지 않을까?

- **에너지 음료를 팔면 어떨까?**: 에너지 음료라고 함은, 커피가 아닌 다른 음료를 말하는가? 샷이 많이 든 커피를 파는 것으로는 충분하지 않은가? 에너지 음료는 공산품을 말하는가? 아니면 카페에서 직접 만들어서 팔 수 있는 새로운 음료 개발이 필요할까?

3. 데이터 디자인 – 데이터 찾기

개인 매장을 운영하는 사람은 일단 데이터를 확보할 방법을 찾아보고, 자신만의 방법으로 정리해야 한다. case 1에서 제시한 매출 분석 방법을 사용해도 좋다. 가계부처럼 적어놓은 장부를 만들든, 엑셀로 정리하든, POS 장비를 제공하는 업체에서 데이터를 받아보든, 할 수 있는 방법을 다해 매출과 판매 시점, 샷 추가를 한 음료와 아닌 음료에 대한 정보를 모아야 한다.

데이터는 개인의 역량대로 모으면 된다. 개인사업자는 대기업처럼 쉽게 데이터를 구하지 못할 수도 있다. 저절로 모인 데이터를 조회할 수 있다면 가장 좋겠지만, 만약 그럴 수 없는 영세한 매장이라면 마음먹고 특정 제품을 판매할 때마다 바를 정자라도 표기해두어야 도움이 된다. 데이터의 크고 작음보다는, 자기 생각에 확신을 주는 단서로서 데이터가 더욱 중요한 역할을 한다.

정확한 시험 기간을 알고 싶다면 대학교 홈페이지에서 학사일정을 확인해야 할 것이다. 이 역시 데이터 분석을 위한 검색 단계라고 볼 수 있다. '그런 것 같아'가 아니라 정말 정확한 정보를 찾는 것도 분석에서는 중요한 과정이다. 고객들에게 직접 물어보는 방법도 있다. 곁에서 보고 추정하는 것이 아니라, 소비자가 직접 말하는 정보가 쌓이면 신뢰도가 높은 정보가 된다.

4. 데이터 디자인 – 데이터 분석하기

'평소보다 시험 기간에 샷 추가를 하는 손님이 더 많다'는 것을
확인하려면, 일단 시험 기간과 비교할 수 있는 동일 기간을 설정
해야 한다. 전후 기간일 수도 있고, 전년 혹은 전월이 될 수도 있
다. 동일한 기간이어도 되고, 그렇지 않다면 그 기간을 날짜 수

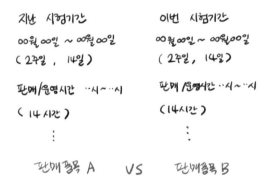

지난 판매 기간 판매량이든 이번 판매 기간 판매량이든, 제품으로 비교하고 싶
다면 동일한 조건에서 비교해야 한다. 사실 판매 일자가 바뀐 것만으로도 동일
조건에서 비교는 불가하다고 할 수 있으나, 통계적으로 의미 있는 비교를 하기
위해 수치상 조건을 맞출 필요가 있다.

등으로 나누어야 한다. 완전히 똑같은 조건으로 비교하기는 어렵다. 최대한 같은 기준으로 비교해야 한다.

만약 데이터를 확보했다면 한 개인의 구매를 비교해 '시험 기간'과 '시험 기간이 아닌 기간' 동안 변화가 있었는지 보는 것이 가장 좋다. 이렇게 개인 차원에서도 변화가 있는 고객이 많다면 기간에 따른 변화가 확실하다. 다른 경우가 있다면 샷 추가를 하지 않던 개인은 그대로이고, 샷 추가를 하는 신규 고객이 늘어난 것일 수도 있다. 이것도 기간에 따른 변화일 수 있다. 다만 변화에 대응하는 방식이 달라질 수 있는 것이다. 단골 고객이 특정 기간에 다른 행동을 하는 것과, 특정 행동을 하는 신규 유입 고객이 특정 기간에 늘어나는 것은 다른 마케팅 전략이 필요한 대상이 된다.

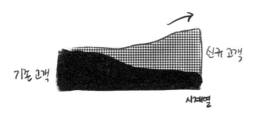

기존 고객과 신규 고객의 변화를 살펴보는 일은 의미 있다. 매출이 올랐는데 기존 고객이 떠난 상황이라면? 리텐션(재방문율 또는 잔존율)에 실패한 원인이 있는지, 아니면 구매 고객의 세대 교체가 불가피했는지 알아야 한다.

5. 데이터 스토리텔링 - 데이터 퍼즐 맞추기

데이터 분석 결과, 동일 기간 대비 샷 추가 커피의 판매가 증가한 것이 확인되었다. 이 증가폭이 30퍼센트 정도라고 하자. 어찌보면 이 수치가 높은 것 같고, 어찌 보면 낮다고 생각할 수 있다. 이런 경우엔 다른 제품의 증가폭을 함께 살펴보고 비교한다. 이를테면 판매 순위가 높은 제품 다섯 개의 동일 기간 판매를 비교하는 것이다. 다른 제품들 역시 30퍼센트의 증가가 있었다면 샷추가 증가 수치는 의미가 없을 것이다. 오히려 '왜 전반적으로 매출이 30퍼센트가 올랐느냐'가 더 중요한 분석 주제가 될 것이다.

만약 다른 제품들의 판매는 동일한데 샷 추가만 늘었다면 30퍼센트의 수치가 의미 있다고 생각할 수 있다. 통계 전문가가 아닌데 특정 수치가 오차 범위인지 아닌지 고민할 시간에, 다른 제품을 비교하는 것이 전체 인사이트 면에서는 의미가 있다.

그런데 정말 샷 추가를 왜 하는지는 단정하기 이르다. '당연히 시험 기간에 공부를 많이 하니까 잠 깨려고 그런 거 아니야?' 이 원인으로 간다면, 카페인 음료에 대한 액션 아이템으로 넘어갈 수 있다. 그러나 혹시 이 원인이 아니라면? '샷 추가'라는 행동은 단순히 졸음을 몰아내기 위한 것이 아닐 수도 있다. 이 가능성을 배제하기 위해서, 고객들에게 직접 물어볼 수밖에 없다. '왜'는

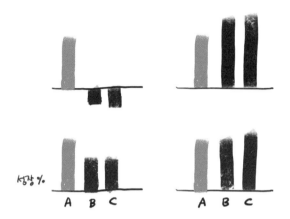

특정 제품이 지난 시즌보다 몇 퍼센트 성장했는지는 중요하지 않을 수도 있다. 위 그래프에서 네 가지 경우 모두 A제품의 성장률은 같다. 그러나 다른 제품의 성장이 마이너스였을 때, 다른 제품이 더 많이 팔렸을 때, 다른 제품이 덜 성장했을 때, 다른 제품이 거의 비슷하게 성장했을 때의 해석은 달라질 수밖에 없다. 최대한 다양한 수치를 모아서 스토리를 만들어야 하는 이유 중 하나다. 비교군 없는 단 하나의 수치를 보면 자의적 해석이 될 가능성이 높다.

추정일 뿐, 단정하기 어려운 주제다. 일상생활에서도 사람들이 어떤 행동을 했을 때 전혀 생각지도 못한 이유가 있을 때가 있지 않은가. 소비자의 행동을 단언해서는 안 된다.

물을 채우지 않고, 얼음에 에스프레소 샷만 담아가는 행동을 보고 궁금증이 더해질 수 있다. 잠을 깨기 위해서라면 당장 마셔야 하는 건 아닐까? 물은 어디서 받아서 마시는 걸까? 그냥 이 에스프레소 샷을 마시는 걸까?

추가로 질문이 생긴다면 이를 확인하는 추가 분석을 진행한다. 그냥 고객에게 물어보는 것도 괜찮다. 꼬리에 꼬리를 무는 질문에 답하는 것이 필요하다.

고객에게 물어보았더니 '도서관에 오래 있으면서 마실 거라, 맛이 변하지 않게 하려고' 샷 추가를 한다는 것이다. 물을 담아가면 당장 무겁기도 하고 얼음이 녹으면서 커피가 묽어지니까, 도서관에서 자리를 잡은 다음 물을 채워넣는다는 것이다.

커피를 마시면서 졸음을 깨려고 하는 것도 맞지만, 진한 커피 맛이 변하지 않도록 하는 것이 더 중요한 이유였다. 커피를 파는 사람으로서, 추출한 지 몇 분이 지나면 이미 커피 맛은 변한다고 말해주고 싶지만 소비자에게는 그게 중요한 것은 아닌 것 같다. 소비자에겐 도서관에서 오래 앉아 공부를 하면서도 진한 커피 맛을 느끼고 싶다는 것이 중요했다.

6. 데이터 스토리텔링 – 변화를 만들 제언하기

그럼 이제 무엇을 해야 할까. 카페인이 엄청나게 많이 든 음료를 파는 것은 더 이상 진행할 방향이 아닌 것으로 보인다. 오래도록 맛이 변하지 않는 커피를 팔고 싶어졌다. 그리고 소비자의 니즈를 바탕으로 원하는 것을 제시해 판매를 많이 할 수 있는 다른 방법을 찾고 싶어졌다.

지금까지 찾은 데이터로 스토리는 만들었다. 시험 기간이 되면 샷 추가가 늘어난다. 텀블러에 물을 담지 않고, 얼음과 에스프레소 샷만 담아달라고 하는 사람도 는다. 이유는 오랫동안 공부를 하면서도 맛이 많이 달라지지 않은 커피를 마시고 싶기 때문이다. 카페인 때문만은 아니다. 그렇다면 이제 신선한 커피 맛을 오래 느낄 수 있도록 소비자에게 제공하면 좋을 것 같다. 그 방법을 찾기 위해 다시 아이디어를 내보는 단계에 왔다.

7. 데이터 스토리텔링 – 데이터에 옷 입히기

혼자 일하는 카페가 아니라면 이 스토리를 다른 팀이나 제품 제작 회사에 제시하기 위해 문서를 만들어야 한다. 의사결정자들이 보고 싶어 하는 문서와, 제품을 개발하는 사람들이 볼 수 있는 문서는 다르다. 매출을 강조해야 좋을지, 제품의 기능이나 소비자 행동에 무게를 두는 게 좋을지 고민해서 문서를 작성한다.

8. 데이터 기반 의사결정 – 액션 아이템 만들기

어떻게 하면 커피 맛을 오랫동안 보존할 수 있을까? 어떻게 해야 소비자의 니즈를 채워주어 매출을 좀 더 올릴 수 있을까? 몇 가지 방법이 있다.

커피 맛을 더 잘 보존해주는 용기가 관건이다. 텀블러 같은 것들을 판매하는 것이다. 일반 텀블러보다 보온이나 보냉 기능이 강화된 제품, 오랫동안 담아두어도 결로가 잘 생기지 않거나, 무겁지 않으면 좋을 것이다. 어쨌든 기존 텀블러보다 오래 맛이 보존된다는 장점이 있어야 한다.

샷 추가를 하는 고객에게 추가 구매를 권하는 프로모션을 진행할 수 있다. 특정 기간 동안 커피에 샷 추가시 함께 구매하는 샌드위치를 할인해준다든가, 당일에 새로 음료를 구매하면 할인해주는 것도 가능하다. 이때, 원래 할인을 안 해주어도 샌드위치가 많이 팔리는 시기라면 오히려 매출이 감소될 것이다. 따라서 이 방법을 사용하려면 영수증 분석을 할 때 함께 세트로 판매되는 것도 살펴본다.

9. 데이터 기반 의사결정 - 현장의 변화 만들기

이제 실제로 판매를 해볼 차례다. 도서관에서 쓰기 편하고 맛이 오래 보존되는 새로운 텀블러를 판매한다고 해보자. 시험 기간 전에 미리 판매하는 것이 좋을까? 시험 기간이 되자마자 바로 파는 것이 좋을까? 도서관에서 좀 더 잘 쓰게 하려면, 책상 위에 계속 두는 것이 어려우니 가방 속에 넣었을 때 편하다는 점을 강조해야 할까?

선택지를 고민할 때는 소비자의 목소리를 직접 들으면서 수정해갈 수밖에 없다. 자신이 대학생이 아니니 도서관에서 대학생이 어떤 행동을 할지 추정하기는 어렵다. 과거의 학생 시절을 떠올려본다 해도, 지금은 맞지 않을 수 있다. 소비자에게 답이 있다. 시장에 적용하기 전에 충분히 질문하고, 판매할 때 소비자가 싫어하는 점은 없는지 계속 살펴보아야 한다.

10. 데이터 기반 의사결정 - 소비자의 반응 포착하기

판매 실적이 좋았든 좋지 않았든, 다음 시험 기간에 또 유사한 이벤트나 특별 판매를 진행할지 말지 결정해야 한다. 방학이 되기

전에 가장 많이 판매가 되는 기간이 기회가 될 수 있다. 만약 성공 루틴을 찾는다면 1년에 4회 적용하는 특별 판매 기간 이벤트가 될 것이다. 시험 기간 동안 스트레스 받는 학생들을 위해 즐거움과 편의를 제공하니 보람된 일이기도 하다. 소비자가 필요한 것을 주면 곧 매출로 이어질 것이다.

만약 텀블러 판매에 성공했다면 다양하게 변주를 할 수 있다. 특정 기간에만 판매하거나, 계절마다 텀블러 무늬를 바꾸거나, 텀블러에 붙이는 악세서리를 판매할 수도 있다. 혹은 특정 텀블러를 가진 소비자를 대상으로 음료 관련 프로모션을 할 수도 있다.

만약 실패했다면 왜 판매가 잘되지 않았는지 파악해야 한다. 그래야 소중한 시간과 비용을 들인 일이 헛수고가 되지 않는다. 이미 금전적인 손해가 났다면 학습 기회로 삼아야 한다. 텀블러의 기능 자체는 좋았는데 디자인이 예쁘지 않았는지, 이미 쓰고 있는 텀블러가 있는데 새로운 텀블러를 사기엔 낭비라고 느꼈는지, 너무 비싸게 느껴지는 가격 허들은 없었는지, 아니면 아예 이런 기획이 있는지조차 소비자가 몰랐는지 파악한다. 왜 판매되지 않았는지 알아야 다음을 기약할 수 있다.

소비자의 마음은
날씨에 따라 달라진다

"한겨울 퇴근시간, 편의점에서는 왜 칼로리 높은 식품이 잘 팔릴까?"

유례없는 폭설에 빙판길이 된 도로. 퇴근길, 추위에 떨며 종종걸음을 걷던 A씨는 배가 몹시 고파졌다. 마침 걷던 골목에 샐러드, 케이크, 주스 등을 파는 가게 간판이 보였다. 잠시 몸도 녹일 겸 가게 안으로 들어갔다. 춥고 배고프고 졸음까지 오니, 따뜻한 핫초코 한 잔이라도 할 생각이다.

핫초코를 주문하면서 메뉴판을 보니, 따스해 보이는 퐁당쇼콜라도 눈에 들어온다. 보통은 너무 달다고 생각해 초콜릿 메뉴와 함께 초콜릿 음료를 먹지는 않지만, 꽁꽁 언 발을 꼼지락거리며

생각한다. '그래, 오늘은 그냥 먹자.'

이번 케이스에서 날씨와 관련된 과학적인 신체 변화를 말하려는 것은 아니다. 추운 나라에서 주로 먹는다는 어떤 음식 이야기도 아니다. 계절에 따라 추위와 더위가 있는 한국에서 일어날 수 있는, 사람들의 소비 변화 이야기다. 누구나 기사로 접하거나 마음속으로 상상해볼 수 있는 아주 상식적인 이야기이기도 하다.

생필품처럼 1년 365일 쓰는 제품이라면 모르지만, 선택지가 다양한 제품은 날씨의 영향을 받게 마련이다. 날씨라기보다 계절에 따른 기온 변화에 가까울지도 모르겠다. 단적으로 말해서, 1월에 잘 팔리는 제품과 7월에 잘 팔리는 제품이 같지는 않다. 한 업계에 오래 몸담은 사람이라면 잘 알 것이다.

시원한 음료를 찾는 날씨, 핫초코와 따뜻한 음식을 함께 먹는 날씨? 계절이 될지 기온이 될지는 기온 데이터를 본 뒤에 확실히 알 수 있다. 기온 데이터를 분석할 만한 상황이 아니라면 계절을 기준으로 분석을 진행해보자.

그렇다면 어떻게 계절이나 날씨에 따른 판매를 살펴볼 수 있을까. 과거 일자별, 시간별 판매 데이터와 날씨 데이터가 있다면 해볼 만한 분석이다. 만약 자세한 데이터를 구할 수 없다면, 매출 데이터와 기상청을 뒤져서 스스로 분석해보는 수밖에!

1. 데이터 디자인 – 질문하기

추운 날씨에 잘 팔리는 제품은 무엇일까? 더운 날씨에 잘 팔리는 제품은 무엇일까? 비 오는 날이나 눈 오는 날에도 따로 잘 팔리는 제품이 있을까?

2. 데이터 디자인 – 문장 쪼개기

- **추운 날씨에**: 춥다는 것은 섭씨/화씨 몇 도부터인가? 특정 온도를 말하는가? 아니면 전날이나 그전 주보다 추워진 것을 말하는가? 특정 온도로 정할지, 상대적으로 그전 기간보다 기온이 떨어진 것으로 정할지 결정해야 한다.
- **잘 팔리는 제품은**: 평균적인 판매 추이가 있는가? 특정 제품이

평균보다 올라간 수치로 '잘 팔린다'를 정의할 것인가? 아니면 추운 날씨로 정의된 날의 상위 판매 규모 순위를 매길 것인가?

- **무엇일까?**: 제품군을 어떻게 정의할 것인가? 내 회사/매장에서 판매하는 제품들의 카테고리가 나누어져 있는가? 어떤 '카테고리'가 잘 팔리는지를 볼 것인가, '제품'이 잘 팔리는지 볼 것인가? 혹은 어떤 제품의 '사이즈'나 '용량' 변화까지 살펴볼 것인가?

- **더운 날씨에**: '덥다'도 '춥다'과 마찬가지로 정의가 필요하다. 특정 계절의 기온으로 볼 것인가, 일교차나 전일 혹은 전주 대비 변화 등으로 정의할 것인가?

- **잘 팔리는 제품은 무엇일까?**: 위의 질문과 동일한 정의 필요.

- **비 오는 날이나**: '비가 온다'는 것은 강수량 얼마 이상을 말하는가? 비가 오는지, 안 오는지로 정의하는가? 하루 중 잠깐이라도 비가 오는 날을 말하는가? 비가 오는 특정 시간대를 구분할 것인가?

- **눈 오는 날에도**: 눈이 오는 것도 강수량과 마찬가지다. 얼마만큼 눈이 와야 눈이 온다고 정의할 것인가? 하루 중 잠시라도 눈이 오는 것, 진눈깨비, 쌓이는 정도 등을 어떻게 정의할까? 어떤 시간대에 잠깐 눈이 와도 눈 오는 날로 볼 것인가?

- **잘 팔리는 제품이 있을까?**: 위의 질문과 동일한 정의 필요.

3. 데이터 디자인 - 데이터 찾기

날씨와 매출을 연결하는 데 가장 중요한 두 가지는, 곧 날씨 데이터와 매출 데이터다. 매출 데이터의 시계열 데이터와 날씨 데이터의 시계열 데이터를 결합하는 것이다.

날씨 데이터는 기상청에서 확인하거나, 기상 데이터를 제공하는 업체에서 데이터를 구매해서 확보할 수 있다. 제공하는 단위에 따라, 시간 혹은 일자로 데이터를 다시 가공해야 할 수도 있다.

사람들이 간과하는 부분은 생각보다 '추운 날'을 데이터로 보기가 어렵다는 것이다. 굉장히 추운 날이라 하더라도, 오전이나 저녁 시간대 영하로 떨어졌다가도 오후에 잠시 영상이 되기도 한다. 이런 날의 평균 기온을 산출하지 않는 이상, 기온은 아침, 점심, 저녁, 그리고 밤과 새벽에도 계속 바뀐다.

또한 '눈이 오는 날'도 쉽게 정의하기 어렵다. 밤사이 눈이 왔고, 날이 밝아 눈이 그쳤다면 눈 오는 날이 아닌가? 눈이 쌓여서 사람들의 일상에 영향을 주지만 지금 당장 눈이 내리지 않으니 눈이 오지 않은 날로 봐야 할까?

업에 따라 날씨를 다시 정의하는 작업이 필요하다. 눈이 오는 당장의 시점이 중요한 업이 있고, 눈이 쌓이고 난 뒤 며칠간 영향을 받는 업이 있을 것이다. 이러한 업의 상황을 반영하지 않고 하나의 정의로 날씨를 적용한다면 데이터와 현실 사이에 괴리가 생긴다. 매우 신경 써서 만든 데이터 분석이라고 할지라도 현실에서 예측하지 못한 일이 생기니 말이다.

매출 데이터는 시간대별로 최대한 많이 확보하면 좋겠지만, 만약 일간이나 월간 단위의 매출밖에 구할 수 없다면 계절을 분석하는 방법도 있다. 판매 품목 자체의 트렌드를 월 단위 혹은 계절 단위로 살펴보는 것이다. 이 계절을 나누는 것도 업의 특징에 따라 진행할 수 있다.

결국 날씨를 분석할 때 가장 중요하게 정의할 데이터 단위는 '시계열'이다. 연월일시분초 단위의 데이터를 어떻게 나눌지 고민해야 한다. 가능하면 다 쪼개어 보고, 의미 있는 단위를 발견하기를 권한다. 사람이란 확인하기 전까지는 '내가 보지 않은 저곳에 내가 모르는 굉장한 것이 있을지도 몰라'라는 생각을 하기 때문이다.

하나의 의미 있는 단위를 설정하기 전에 모든 단위를 살펴보는 것은 자신감과도 직결된다. "왜 이 단위로는 보지 않았는가?"라는 상급자 혹은 타 부서의 질문에 자신 있게 답할 수 있기 때문이다. "이미 그 단위도 살펴보았지만, 이런저런 이유로 가장 나은 단위인 이 분석이 채택되었다"고 말할 수 있다.

4. 데이터 디자인 – 데이터 분석하기

이제 분석을 진행할 차례다. 앞서 말했듯 구할 수 있는 날씨 데이터의 연월일시분초 단위와 매출의 연월일시분초 단위를 연결하면 가장 좋다. 이렇게 연결한 단위의 데이터를 가지고 자신의 업과 상황에 맞는 단위로 잘라 분석을 진행한다. 특정 시간대만 가지고 기온 변화에 따른 판매 변화를 살펴볼 수도 있고, 계절별로 만들어볼 수도 있다.

날씨 데이터는 실제로 '나의 매장'과 연결해 분석을 진행해야 한다. 나의 매장이 특정 지역에 있는지, 아니면 전국구에 걸쳐 온라인으로 판매되는지 등도 날씨 데이터에 영향을 주는 요인이다. 서울과 제주도의 기온과 날씨가 다르기 때문이다. 데이터를 구할 때부터 위도/경도 혹은 지역에 따른 날씨 데이터를 구하면 좋다.

날씨를 '기온'으로 정의한다면 기온에 따른 판매 품목을 정렬해볼 수 있다. 1도 단위로 데이터를 정렬할 수 있다면 한번 해보자. 어쩌면 아마 1도 차이로는 판매가 바뀌지 않는다는 것을 발견할 수도 있다. 그렇다면 구간을 설정해보자. 이를테면 기온이 영상 1~5도일 때의 일시 데이터를 매출 데이터의 일시와 연결하는 것이다. 이 매출 데이터로 어떤 품목이 가장 많이 팔렸는지 정렬해보았다고 하자. 다음에는 영상 6~10도일 때의 데이터를 만들어본다. 이런 식으로 영하부터 영상까지의 데이터를 구간별로 만들 수가 있다. 5도라는 구간 단위는 임의로 정한 것이니

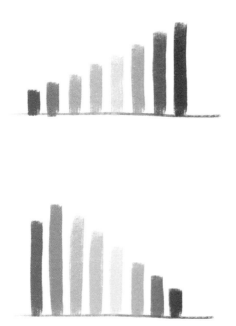

기온에 따라 판매가 오르는 제품과 줄어드는 제품을 파악한다. 동일한 기온에 팔리는 제품이라도 그날이 어느 달과 어느 계절이었는지에 따라 관리가 달라질 수 있으니, 계절과의 연계 분석도 함께 해야 한다.

10도 단위로 해볼 수도 있다.

임의의 기온 구간이 아닌 데이터 패턴 자체가 나타내는 변곡점을 찾아볼 수도 있지만, 데이터 비전문가들에게는 이 방법을 추천하지 않는다. 데이터 전문가에게도 이러한 정의가 쉽지 않을 때가 많다. 해마다 기온 추세가 변하기 때문에 특정 변곡점을 찾아내는 것보다 기온 및 판매 변화 트렌드를 파악하는 것이 더 중요하다. 우리는 기상청 직원이 아니라 일반 회사에 몸담은 사람들이다.

어떤 품목이 특정 기온 구간에서 잘 판매된다는 것을 발견하는 일은 중요하다. 이 판매 트렌드를 알아내려는 이유는 당연히 실행하기 위해서다. 특정 기온에 제품이 잘 팔리거나 잘 팔리지 않는다면 진열을 바꾸든, 마케팅을 하든, 시간대 프로모션을 하든, 판매 증가와 연결되도록 해야 한다.

5. 데이터 스토리텔링 - 데이터 퍼즐 맞추기

편의점에서 기온별 판매 데이터를 살펴본 결과, 더운 날씨에는 음료와 아이스크림의 판매가 높아졌다. 카테고리로 나누어본 결과는 당연하고 상식적이었다. 이 카테고리 안에서 좀 더 나아가

살펴보니, 음료 판매 중에서도 '얼음컵'과 함께 구매하는 비율이 늘어났다. 그냥 음료만 사는 것이 아니라 얼음과 함께 마시는 식감을 중요하게 여기는 것으로 보인다.

시간대별로도 다른 패턴이 나타날 수 있다. 오전에는 큰 특징이 없다가, 점심시간대 큰 폭으로 판매가 증가할 수 있다. 저녁 식후 열대야를 식히기 위해 나오는 사람들도 있을 수 있다.

추운 날씨에는 따뜻하고 칼로리가 높은 제품의 동반 판매가 늘어났다고 가정하자. 따뜻한 국물을 마실 수 있는 컵라면 종류와 따뜻한 음료까지 함께 구매하는 비율이 늘어날 수 있다. 더운 날씨에 음료와 아이스크림 같은 후식 제품이 더 많이 판매되었다면, 추운 날씨에는 배까지 채울 수 있는 제품의 동반 판매가 늘어난 것이 보였다. 이 경우 식품과 음료를 함께 살 때 혜택을 줄 수 있을 것이다. 혹은 겨울철에만 판매하는 푸드로 추가 구매를 제안할 수도 있다.

6. 데이터 스토리텔링 – 변화를 만들 제언하기

음료와 함께 얼음컵이 판매되는 현상에 대해 강조하는 상황을 가정해보자. 우선 일반적인 음료 판매 추이와 함께 얼음컵 동반 구매 비율에 대한 자료도 정리해보자. 특정 계절에 얼음을 판매하는 것에 대한 니즈가 확실히 존재함을 강조해야 한다.

다양한 품목을 판매하는 편의점의 특성상 전문적인 제빙기를 들여놓는다면 관리가 쉽지 않은데, 얼음 구매 및 판매를 좀 더 쉽고 청결하게 할 방법을 찾아볼 필요도 있다.

겨울철에만 판매할 계절 식품에 대한 방향성도 잡아볼 수 있다. 기존에 잘 팔리던 제품에 대한 판매 증진 방향이 될 수도 있지만, 요즘 핫한 겨울철 간식에 대한 신규 판매 계획이 될 수도 있다.

7. 데이터 스토리텔링 – 데이터에 옷 입히기

판매 추이만큼 명확한 차트는 없다. 얼마나 올랐고, 얼마나 떨어졌는지 한눈에 볼 수 있도록 정리한다. 그리고 이 추이와 더불어 하나의 라인 차트를 이중축으로 만들어볼 수 있다. 혹은 특정 판매가 튄 시기에 함께 많이 팔렸음을 강조하는 추가 차트로 제작될 수 있다.

새로운 제품을 제언할 경우, 어떻게 트렌드를 잡았는지 보여주는 것도 중요하다. 1위 기업이 아닌 이상 타 기업의 선도 제품

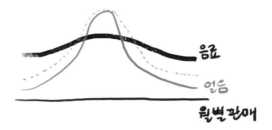

음료 판매와 얼음 판매를 별도로 구분해 비교해볼 수 있다. 얼음컵과 음료를 하나의 제품번호로 분류했거나 두 개의 번호로 별도 분류했다면 분석하는 방법이 달라지니 적재된 데이터 모양부터 파악해야 한다.

이나 타 국가를 벤치마크 해야 하는 경우가 많다. 이런 경우 벤치마크 데이터를 수집한 경로에 각주를 잘 달아주어야 한다. 어떤 플랫폼에서 수집한 정보인지, 출처 등을 정확히 밝혀두어야 나중에 다시 추가 자료를 찾을 때 수월하다. 출처나 저작권에 대한 명시도 데이터를 제시할 때 중요한 부분이다.

8. 데이터 기반 의사결정 – 액션 아이템 만들기

새로운 시설이나 신제품을 론칭하는 경우 모든 매장에 일괄 적용하는 것이 부담스럽다면, 몇 개의 매장이나 특정 계절에만 판매해보는 노력을 할 수 있다. 몇 개 매장에서 짧은 기간 성공한 사례가 몇 해 동안의 전국 판매를 바꾸어놓을 수 있기 때문이다. 그러나 이것도 짧은 기간이었기 때문에 성공했다는 가정을 놓쳐서는 안 된다. 실제 적용할 때는 항상 모든 각도에서 체크를 해보아야 한다. 모든 방향의 데이터를 수집하고 놓친 부분이 없는지 살펴보는 자세가 필요하다.

9. 데이터 기반 의사결정 – 현장의 변화 만들기

컵 단위의 얼음 판매를 실제로 적용해보니 특정 시간대 판매 속도가 너무 빨라 소형 제빙기를 도입하는 것은 판매 수요를 채우기가 어려웠음이 확인된다. 특정 시간대에 판매가 몰리기 때문인데 이 시간대에만 얼음을 조달하면 되지 않을까? 적재 공간이 넉넉하지 않음을 감안해, 이 시간대 이전에 대량의 얼음을 구비하는 방안을 찾아내는 것이 필요해졌다. 혹은 여름철에는 특정 공간을 얼음만을 위한 공간으로 따로 확보하도록 특정 판매 제품을 제외할 수도 있다.

무조건 현장에서 얼음을 만들고 위생적으로 관리하라고 강요

할 수만은 없다. 현장 판매원은 이미 멀티플레이어이므로 그들의 불편함을 줄여주는 기획이 필요하다.

10. 데이터 기반 의사결정 – 소비자의 반응 포착하기

실제로 판매가 잘될 수도 있고, 잘되지 않을 수도 있다. 얼음컵 판매가 늘었다고는 하나, 제빙기 혹은 얼음 유통을 원활하게 하기 위해 든 비용보다 적은 수익을 낼 수도 있는 상황이다. 비용과 수익을 사전에 계산해야 하겠지만, 기존 판매 대비 기대했던 추가 판매가 충분히 되지 않을 수도 있다. 실패 비용을 최소화하기 위해 일부 테스트가 필요하다. 사전에 소비자에게 물어보았어도 사지 않겠다고 답할 이유가 없었다는 문제가 있다. 소비자 응답을 다음 케이스에서 좀 더 다룰 것이다.

만약 성공적으로 판매 성장이 되었다면, 앞으로 어떻게 확장할지 기획할 단계다. 겨울철에만 판매하는 특정 식품을 어떻게 더 맛있게 보이게 할지, 식품과 함께 무엇을 사도록 제안할지, 아예 두 제품을 세트로 팔지 고민해본다.

묶음 상품을 보고 소비자가 오히려 '잘 안 팔려서 이렇게 파는 거 아니야?'라고 오해할 수도 있으므로 소비자가 원하는 제

품을 감사하는 마음으로 제공한다는 의도를 제대로 드러내야 한
다. 소비자는 할인을 좋아하지만 할인이 때로는 재고 떨이의 수
단임도 알고 있다. 좋은 의도로 기획한 것이 오히려 나쁜 관점으
로 보여서는 안 된다.

소비자의 마음은
가끔 거짓말을 한다

"소풍용 돗자리를 30대 남성들이 사간 이유는?"

사람들은 자신이 무엇을 원하는지 정확히 알까? 내일 먹을 점심
이나 구매할 물건을 정확히 파악하고 있을까? 물론 아주 계획적
인 구매를 하는 사람이라면 내일 계획한 제품 외에 다른 구매는
절대로 하지 않을 것이다. 여기서 말하고 싶은 것은 사람들이 정
말 자신이 말한 그대로 실행하느냐 하는 것이다.

　설문조사를 두고 '사람들의 말을 그대로 믿을 것인가' 하는 논
의가 여러 번 있었다. 개인적인 의견을 말하자면, 설문조사는 안
하는 것보다 하는 것이 훨씬 낫다. 소비자의 마음을 알고자 노력

한다는 반증이기 때문이다. 그런데 그 소비자의 마음이 정확한 것인지는 여러 모로 살펴보아야 한다.

십여 년 전쯤이었을까. 2000년대 초반, 스마트폰이 없던 시절이었다. '사진이나 영상 등을 휴대전화로 보겠느냐'는 질문에 '비용이 엄청날 것 같은데?'라는 생각을 잠시 했던 기억이 난다. 당시에도 휴대전화로 이미지나 영상 등을 볼 수는 있었지만, 요금은 아주 비쌌다. 대학생이었던 지인이 휴대전화로 게임을 하다가 전화요금이 50만 원 나와서 부모님께 혼나기도 했다. 20세기도 아닌 2000년대에도 그런 일이 일어났다.

'스마트폰을 쓰겠느냐'는 질문에 내가 '그게 되겠어?'라고 생각했던 것처럼, 1990년대에도 비슷한 일이 있었다. A통신사에서 초고속 인터넷을 도입하기 전, 사람들에게 설문조사를 한 적이 있다. 당시 사람들은 초고속 인터넷이 뭔지도 몰랐다. 당연히 '쓰겠다'는 응답은 절반 이하였다. 그런데 지금 대한민국의 현실은 어떠한가. 거의 모든 가구에 초고속 인터넷이 보급되었을 만큼 IT 강국이 되었다.

사람들이 거짓말을 한 것일까? 당연히 일부러 거짓말을 한 것은 아니다. 개념을 제대로 알지 못했을 뿐이다. 제대로 알았다고 해도 사람들은 쉽게 거짓말을 할 수밖에 없다. 자기가 오늘 커피를 몇 잔 마셨는지도 정확히 기억나지 않는데, 어떻게 모든 일에 정확하게 답변할 수 있단 말인가?

설문조사는 목적이 매우 명확해야 한다. 설문조사를 하기 전에 일단 모을 수 있는 모든 데이터를 분석하고, '데이터로는 답을 찾을 수 없고 소비자만이 답을 줄 수 있다'는 것이 명확해진 뒤에 설문조사를 하는 것을 권한다.

자신이 기획한 대로 판매되는 것 같지 않을 때, 사람들에게 'why'를 물어볼 수 있다. 이를테면 어린이를 위한 안전 매트가 운동 기구의 층간소음 방지용으로 사용되거나, 술잔으로 제작된 컵이 카페의 아인슈페너 잔으로 활용되는 것과 같은 사례다.

판매자 입장에서는 자신이 생각하지 못한 반응을 접했을 때, 다시 자기 생각대로 무작정 추정하기보다는 소비자에게 생각을 물어보는 과정이 필요하다.

이 과정에서 또 다른 소비자의 니즈를 발견할 수도 있다. 설문조사는 이 'why'의 탐색에 포커스를 맞추는 것이 좋다.

설문조사 자체가 별도의 분석으로 진행되기보다는, 분석하는 주제를 하나 잡고 그 중에서 소비자에게 직접 물어보아야 하는 경우에 활용하는 것이 좋다. 분석 중 설문조사를 함께 진행하는 케이스를 말해보고자 한다. 타깃 고객이 아닌 고객층이 제품에 반응했을 때의 사례다.

1. 데이터 디자인 – 질문하기

소풍 갈 때 쓰는 돗자리를 판매했는데, 왜 30대 이상 남성이 많이 구매했을까?

2. 데이터 디자인 – 문장 쪼개기

- **소풍 갈 때 쓰는 돗자리를 판매했는데:** 제품 사용 상황을 이미 가정하고 판매했는가? 돗자리의 특성이 뚜렷한가?
- **왜 30대 이상 남성이:** 30대 이상 남성은 타깃이 아니었는가? 원래 타깃이었던 고객군은 누구였는가?
- **많이 구매했을까?:** 다른 고객군에 비해서 얼마나 많이 구매했는가? 처음 기대한 바보다 많이 구매했는가?

3. 데이터 디자인 – 데이터 찾기

이 경우엔 이미 데이터 분석을 통해 어떤 고객군이 많이 구매했는지 결과값이 나온 케이스다. 원인을 고민하는 경우이므로 이

원인을 파악할 수 있는 고객 대상으로 설문조사를 하거나 SNS
에서 글을 찾아 추가 분석을 해보아야 한다.

4. 데이터 디자인 – 데이터 분석하기

거듭 말하지만 매출 데이터를 분석해서 얻을 수 있는 정보는 설
문조사를 진행하지 말아야 한다. 사전에 데이터 분석을 통해 알
수 있는 내용을 기반으로 질문을 발전시켜, 소비자에게 진짜 궁
금한 것을 물어보아야 한다.

이번 경우는 제품의 사용 목적을 알아보고자 한다. 이미 구매
는 했고, 이 고객군이 왜 제품을 구매했는지 이유를 알고 싶은
상황이다.

추정되는 이유를 예시로 제시하는 것이 가장 간단한데, 이때
고민해야 할 점이 있다. 주관식으로 받으면 좋겠지만, 아직 텍스
트 마이닝^{Text Mining}으로부터 유의미한 결과를 바로 얻어내기가
어려울 수 있다. 따라서 객관식 설문을 준비한다.

객관식으로 설문조사를 진행하는 경우 사전에 가장 고민해야
하는 부분은 자신이 제시하는 보기가 모든 경우의 수를 커버하
느냐는 것이다. 그리고 보기에서 이 경우의 수가 겹치지 않고 제

시되었는지도 살펴보아야 한다.

한 번에 한 가지만 질문해야 한다. 예로 이런 문장은 사용하면 안 된다.

"실용적이고 쓰기가 편했는가?"

어떤 사람은 '실용적이긴 하지만 불편하다'라고 생각할 수 있고, 어떤 사람은 '실용적이진 않지만 쓰기 편하다'라고 생각할 수도 있다. 질문에서든 보기에서든 문장에 'and'를 사용하면 해석에서 오류를 범하게 된다.

내가 많은 설문조사를 보면서 궁금했던 점은 '이 질문 뒤에 무엇이 있을까?'였다. 예를 들어 브랜드 이미지에 대한 질문을 하면서 그 이미지 단어들이 사전에 방향성을 갖지 않는 경우가 많다. '개성이 강하다'라는 이미지를 가정하면, 그 표현이 앞으로 브랜드 이미지를 구축하는 데 어떠한 도움이 되고 그 이미지가 어떻게 활용될지 기획되지 않은 채, '개성이 강하다'는 걸 알아서 무슨 소용이 있느냐는 것이다. 그저 자기 생각을 확인하고 싶어서 수많은 시간과 노력과 비용을 들여, 소비자가 직접 답을 하는 귀한 시간을 낭비하는 것은 아닌지 고민해야 한다. 1단계적 질문이 많아지면 설문조사 결과를 받아보고 나서도 갈피를 잡지 못하고 궁금한 점만 더 많이 생기게 된다.

5. 데이터 스토리텔링 - 데이터 퍼즐 맞추기

고객들의 돗자리 사용 상황을 질문했더니 소풍보다는 캠핑을 갈 때 더 많이 사용한다는 것을 알게 되었다. 30대 이상 남성이 캠핑에 관심이 많았고, 그들이 타깃 고객보다 더 많이 산 것을 알게 되었다.

6. 데이터 스토리텔링 - 변화를 만들 제언하기

타깃으로 생각했던 다른 고객층보다 30대 이상 남성 고객이 돗자리를 생각보다 많이 구매했고, 설문조사를 해보니 캠핑 갈 때 쓰려고 돗자리를 구매했다고 응답했다. 기존보다 사용 상황이 조금 달라진 것이다. 그렇다면 이제 '캠핑'이라는 상황을 더 알아볼 필요가 있다. 캠핑 고객에 대한 분석을 추가로 진행하는 것이다.

이제 돗자리와 함께 쓸 추가 제품 라인에 대한 가능성을 이야기할 때다. 아주 구체적인 안까지 만들지는 않아도 '캠핑'과 '돗자리' 키워드와 함께 앞으로 판매할 제품을 개발한다는 계획을 제시해볼 수 있다.

7. 데이터 스토리텔링 – 데이터에 옷 입히기

캠핑 전문 업체가 아닌 경우이므로 현재 캠핑 고객의 확장을 이해시킬 필요가 있다. 제품 출시 전 우리가 고민했던 방향이 아닌 방향으로 제품이 판매되었으므로, 그 고객들의 니즈를 다시 확인해보아야 한다. 새로운 현상에 대한 분석뿐 아니라 그 시장에 대한 추가 분석까지 미리 준비해 보여준다면 많은 질문을 미리 준비한 자료로 답변할 수 있게 된다.

8. 데이터 기반 의사결정 – 액션 아이템 만들기

무겁지 않은 캠핑용품 라인을 개발해볼 수 있다. 전문 캠핑용품이 아닌, 소품 중심의 라인을 만들어내는 것이다. 캠핑을 좋아하는 고객이 군이 왜 우리 브랜드의 돗자리를 구매했는지 파악할 수 있다면 좋다. 추가 라인을 어디까지 만들지 현업 부서와 고민해야 한다.

9. 데이터 기반 의사결정 – 현장의 변화 만들기

새로운 제품 라인으로 부피가 있는 캠핑용 박스, 접이식 테이블/의자, 소품과 액세서리 등을 만들어볼 수 있다. 이런 제품이 실제로 기존 돗자리 구매 고객에게 어필하는지 확인하고, 이 제품 라인의 확장이 타당한지 지속적으로 고민한다.

10. 데이터 기반 의사결정 – 소비자의 반응 포착하기

전문 캠핑 업체가 아닌 만큼 고객들이 바라는 것은 좀 더 감각적이고 세련된 제품이었다. 그래서 일반 은색 돗자리 대신 독특한 프린트가 있었던 돗자리를 구매한 것이다. 이러한 제품 특징이 맞아떨어져 무늬가 다양한 접이식 의자도 성공할 수 있었다. 박스도 '요즘 감성'을 자극할 수 있다는 이유로 호응을 얻을 수 있었다고 하자. 이렇게 되었다고 해서 앞으로 계속 캠핑용품을 출시해야 하는지는 또 다른 문제다.

시장의 흥망성쇠 주기가 매우 빨라졌다. 트렌드를 쫓는 것도 중요하지만 시장의 규모가 얼마나 유지되고 있는지를 보는 것도 중요하다. 트렌드를 파악한다는 것이 정말 어려운 일인데, 데이터는 이미 지나간 일이 축적된 경우가 많기 때문이다. 데이터로 대규모 정보가 집계된다면 그것은 이미 새로운 트렌드가 아니라는 의미일 수도 있다. 데이터가 줄 수 있는 것과 아닌 것의 차이를 분명히 알 필요가 있다.

(case 5)

소비자의 마음은
어떤 장소에 있는지에 따라 달라진다

"회사에서의 나와 관광지에서의 나는 같은 사람일까?"

사람들은 자신이 바라는 이상적인 자아나 현실에서 스스로 자각하는 자아 등 여러 가지 자아를 가지고 있다고 한다. 규명할 수 없는 복잡한 개념보다는, 어떤 역할 같은 것이라고 생각해보면 간단하다. 자신이 회사에서 일할 때 하는 행동, 휴가를 떠난 관광지에서 하는 행동, 집에서 혼자 있을 때 하는 행동은 다르다. 이 행동은 억지로 꾸며낸 것이 아니고 상황에 맞추어 조정한 것이라고 볼 수 있다.

회사에서의 나와 관광지에서의 나는 정말 같은 사람일까? 어떤 사람은 정말 같은 사람이다. 휴가를 가서도 일을 하는 사람이 있고, 회사에서도 휴가 온 것처럼 노는 사람도 있다. 두 경우 모두 일반적인 일은 아닐 것이다. 일반적으로 사람들은 조금이라도 다른 행동을 보인다.

예로 휴가지에 갈 때 입으려고 특별히 쇼핑을 하거나 어떤 옷을 챙겨본 경험이 있지 않은가? 평상시에는 잘 입지 않는 화려한 셔츠를 입는다든가, 민소매와 짧은 하의를 입는다든가. 출근할 때 입는 옷과 주말에 쉴 때 입는 옷이 흔히 다르듯이 말이다.

제주도에 관광을 갔을 때 서울에서 다니던 같은 브랜드의 편의점이나 카페에 간다고 해도, 똑같은 제품을 사지 않을 가능성

평소 출근할 때는 절대 입지 않지만, 어떤 장소에서는 입는 옷이 따로 있지는 않은가? 나의 어떤 행동은 언제 어디서나 같다고 할 수 있을까?

이 높다. 이번 케이스에서 이야기할 것은 이러한 성향에 대한 분석이다. 동일한 사람이 다른 지역에서 다른 행동을 보이는지 분석하는 것이다. 단순히 매장 특성으로만 볼 것이 아니라, 개인의 행동 변화 관점에서 볼 때 보이는 것이 있다. 이러한 개인의 행동 패턴을 분석하면서 인사이트를 찾는다면, 다양한 액션 아이템을 발견할 수 있을 것이다.

1. 데이터 디자인 – 질문하기

사람들이 회사 앞 매장과 집 앞 매장에서 다른 행동을 하지는 않을까? 관광지에 가면 다른 제품을 사거나, 사지 않거나, 평소에 사던 것보다 더 사는 것이 있지 않을까?

2. 데이터 디자인 – 문장 쪼개기

▪ **사람들이**: 특정 지역에 사는 사람들을 보고 싶은가? 아니면 정말 고객 전체를 대상으로 하는가? 알고 싶은 특정 지역이 있는가?

- **회사 앞 매장과**: 회사로 특정할 수 있는 지역이 있는가? 주상복합건물처럼 규정하기 어려운 지역도 있는가? 회사나 지역 특성보다는, 주중 낮의 구매라고 정의하는 것이 더 낫지 않을까?

- **집 앞 매장에서**: 거주 지역을 중심으로 지역을 구분할 수 있는가? 집 앞이라는 것이 정말 집이라기보다는 회사와 구분되는 개념을 표현한 것이 아닐까? 집이 아니라, 주말의 행동 패턴을 보는 것이 더 나은 분석 방법은 아닐까?

- **다른 행동을 하지는 않을까?**: 어떤 행동을 말하는가? 특정 제품의 구매인가? 아니면 구매하는 제품의 변화를 말하는가? 혹은 구매 빈도나 주기에 대한 것인가?

- **관광지에 가면**: 관광지를 특정할 수 있는 기준은 무엇인가? 예로, 제주도라고 한다면 제주도 전역을 관광지로 볼 수 있는가? 제주의 특정 지역은 제주도민이 많이 방문하는 곳이 아닐까?

- **다른 제품을 사거나**: 다른 제품이라고 하면, 특정 제품군을 말하는가? 특정 제품의 종류나 사이즈가 다른 것까지 포함하는 것인가? 혹은, 특정 제품의 조합이 있을까?

- **사지 않거나**: 어떤 구매 행동 등을 하지 않는 특징도 있지 않을까? 하는 행동과 하지 않는 행동을 나눌 수 있을까?

- **평소에 사던 것보다 더 사는 것이 있지 않을까?**: 안 사던 것들을 사거나 사던 것을 안 사는 게 아니라, 사던 것을 더 많이 사거

나 적게 사는 등 변화가 있지는 않을까? 자신이 보고 싶은 행동의 단위를 어떻게 정의할 수 있을까?

3. 데이터 디자인 - 데이터 찾기

단일 매장이 아닌, 다양한 지역에 매장을 둔 기업에게 적합한 분석이다. 그리고 한 고객이 여러 매장에서 구매한 기록을 볼 수 있어야 한다. 그 한 고객의 개인정보를 알 필요는 없다. 익명화된 암호여도 괜찮으니, 한 사람이라고 특정할 수 있는 정보만 있으면 된다. 통계 처리된 데이터 결과물로 인사이트를 얻는 것이 목표이고, 개인을 추적하는 것이 목표는 아니다.

지역 정보도 충분히 많으면 더욱 좋다. 어떤 지역의 차이를 정의하는 데이터가 있으면 매장을 구분하는 데 도움이 된다. 이를테면 매장 반경 내 거주 가구가 몇 세대라든지, 특정 직장인이 몇명 소속된 회사 빌딩이 있다든지 하는 식이다. 그런 상권 정보가 없다면 지도를 통해서 보는 것과 함께 매장 주변을 확인하는 절차를 거쳐야 한다. 실제로 매장에 나가보면 데이터만으로는 보이지 않던 매장의 특징이 보인다.

4. 데이터 디자인 - 데이터 분석하기

일단 여러 명의 구매 데이터, '한 사람'이라고 특정할 수 있도록 익명화된 사람들의 구매 데이터가 필요하다. 이 한 사람이 직장이라고 규정된 매장, 집 근처라고 구분된 매장, 그리고 관광지 매장에서 다른 구매를 하는지 비교하는 것이 목적이다. 거듭 말하지만 이 한 사람의 행동을 추적하는 것이 목적이 아니므로 개인 정보의 추적과는 다르다.

상식적으로 상상할 수 있는 가설이 있을 것이다. 직장에서는 평일에 반복적으로 나타나는 구매 패턴이 있을 것이다. 집 근처에서는 저녁 시간대나 주말 시간대의 구매 패턴이 있다. 그리고 관광지에서는 일 년에 한 번 정도, 아주 간헐적으로 나타나는 구매일 것이다. 이렇게 구매 시기에 따라 데이터를 구분한다면 상황이 명확하게 정의될 것이다.

이제 매장과 구매 시기가 정해졌으니, 판매된 제품의 차이를 분석할 때가 되었다. 개인들의 데이터를 그룹 지어 순위를 비교해도 되고, 한 명 한 명의 차이를 분석해 패턴으로 비교해도 된다. 개인별 데이터를 분석한 뒤 합산하는 것은 다른 분석 방법보다 공수가 많이 필요하다. 컴퓨터가 일하는 것이니 괜찮지 않을까? 생각해보면 간단하다. 매장이나 시간대나 제품의 종류보다 사람의 수가 월등히 많기 때문에 기계라 하더라도 그만큼의 에너지가 더 들 수밖에 없다.

5. 데이터 스토리텔링 – 데이터 퍼즐 맞추기

웹/앱으로 고객을 만나는 기업이 아니라면, 인사이트는 오프라인 매장별로 정리되는 것이 좋다. 결국 매장에서 변화를 주는 것이 액션 아이템이 될 것이기 때문이다. 제품이나 서비스가 변화되는 것이라 하더라도 매장 단위로 범위가 결정될 것이다.

회사 근처 매장에서는 평일에 테이크아웃 커피가 많이 판매되었다고 가정하자. 거주지 근처 매장에서는 음료보다는 원두나 스틱커피가 많이 판매되었다고 하자. 그리고 관광지 근처에서는 조각 케이크가 평균보다 많이 판매되었다고 해보자.

이 현상들을 행동 원리와 연결해보려는 노력이 필요하다. 물론 앞서 여러 번 말했듯이, 자신이 상상한 이유와 다른 이유로 소비자가 그런 행동을 했을 수도 있다. 그래도 되도록 현상 자체보다는 원리와 이유를 찾으려고 노력해야 한다.

회사 근처에서 사람들이 테이크아웃 커피를 마시면서 걷는 모습은 아주 흔하게 보는 행동이다. 거주지 근처에서는 집에서 마

실 원두나 스틱커피를 사는 것일 수 있다. 그리고 관광지에서
는 여유를 가지고 음료와 함께 조각 케이크를 사먹는 것일 수
도 있다.

이렇게 상상 가능하고 상식적인 행동이 데이터로 검증되었다
고 하자. 그렇다면 이제 자신 있게 데이터를 가지고 액션 아이템
을 잡을 단계다. 한 사람이 어느 제품을 많이 산다고 규정할 수
없다. 예를 들어 30대 여성이라고 해서 반드시 특정 제품을 사는
것은 아니다. 혹은 그 30대 여성이 특정 매장에서 했던 행동을 다
른 매장에서 똑같이 하지 않는다는 것이 확인되었다.

6. 데이터 스토리텔링 – 변화를 만들 제언하기

이러한 경우 데모그래픽보다는 매장 위치, 지역 특성과 사람들
의 행동 원리가 훨씬 더 중요해진다. 이제 다시 상상해본다. 내
가 관광지에 간다면 무슨 행동을 하고 싶은가? 매장에 어떤 제
품이 있다면 사겠는가? 지금 매장에 관광지에서 원하는 것이 충
분히 갖추어져 있는가?

이제 관광지에서 사람들이 구매할 만한 특색 있는 음료, 케이
크를 판매할 기획을 할 수 있는 데이터가 모였다. 그러한 특색을

강조해서 사람들이 일상생활에서 느끼지 못했던 새로운 경험을 제공할 것이다. 가족이나 친구 단위의 방문자들이 먹을 수 있는 패키지로 구성해볼 수도 있다. 지금까지 없었던 관광지의 특색을 담은 기념품을 만들 수도 있다.

기념품이라면 약간 조악하지만 지역 특색을 담아 기념할 만한 제품이 떠오르곤 한다. 정말 그 제품이 최선일까? 저렴하고 부피가 작지만, 기억에 남거나 쓸모 있거나 지역 특색이 묻어나는 물건, 혹은 정말 맛있는 음식은 없을까?

7. 데이터 스토리텔링 – 데이터에 옷 입히기

이제 데이터로 사람들을 설득할 단계다. 상식적인 데이터를 들고 갔을 때, 회의에 모인 사람들이 오히려 그 인사이트를 비웃는 경우가 있다. '그걸 꼭 데이터를 봐야 아느냐'고 한다. 그러나 아무나 할 수 있는 생각을 가지고도 변화를 이끌지 못하는 것 아닌가? 변화의 필요성을 논리적으로 제시하기 위해 데이터가 필요한 상황인 것이다.

관광지에서 판매할 새로운 제품을 만들고 배치하는 것은 새로운 에너지와 비용이 드는 일이다. 그 비용을 들여야 하는 당위성에 대해, 소비자가 바라는 니즈를 반영하기 위해 기업 내 의사결정권자들을 설득해야 한다.

지역별 구매 패턴 차이를 차트화해서 보여줄 수 있다. 또한 어떤 제품 차이가 있는지도 보여줄 수 있는데, 이때 제품에 대한 순위뿐 아니라 이미지도 포함해야 한다. 사람들은 글자보다 그림을 더 직관적으로 받아들일 때가 있다. 때로는 데이터 보고서에서도 이미지를 활용하는 것이 필요하다.

8. 데이터 기반 의사결정 – 액션 아이템 만들기

액션 아이템 중에서 고려해볼 만한 것은 신제품 개발, 기존 제품 개선, 기존 제품 강조가 있다. 신제품 개발은 노력과 비용이 가장 많이 들고, 성공 여부를 가늠하기 어렵다. 기존 제품 개선은 어느 정도 판매 데이터가 쌓여 있고, 부족한 부분을 개선하거나 강점을 첨가하는 형태가 된다. 똑같은 케이크인데 관광지의 특색을 담은 데코레이션이나 용기 등을 제공하는 것 등이다. 기존 제품 강조의 경우 사람들의 시선이 그 제품에 가도록 특별 영역을 만들어준다거나, 홍보를 위한 입간판이나 포스터 등을 만드는 방법이다.

9. 데이터 기반 의사결정 – 현장의 변화 만들기

실제로 어떤 액션 아이템을 하기로 결정했다면, 새로운 시작이 이루어지는 일정은 관광지의 특성상 사람들이 몰리거나 몰리지 않는 때로 선택한다. 사람들이 몰릴 때에 하는 것이 임팩트가 있고 큰 성과를 거두기는 한다. 그러나 어떤 경우에는 사전에 제품을 내보이고 사람들의 반응을 수집해, 한 번 더 개선을 하는 것이 필요하다. 비성수기라 하더라도 고객들의 일부 반응을 살피는 기회로 삼을 수 있다. 기업의 상황에 따라 다른 의사결정을 할 수 있다.

10. 데이터 기반 의사결정 – 소비자의 반응 포착하기

소비자에게서 원하는 반응이 나오지 않는 경우 원인은 다양하다. 일반적으로는 홍보가 잘되지 않아서 아예 모르거나, 알고 왔는데 살 만큼 매력적이지 않았거나, 구매를 했는데 재구매를 할 만큼 좋지 않았을 수 있다. 원하는 성과를 얻지 못한 원인이 적어도 이 세 가지 중에 무엇인지를 알면 다음을 기약할 수 있다. 재구매할 만큼 좋지 않았다는 것은 또 다른 분석 주제가 된다. 어

특정 지역에서만 파는 제품이 있다. 그 지역의 특성을 나타내며, 그 지역에서만 살 수 있다. 특별할 것 없어 보이는 물건이라도 사람들에게는 소중한 추억이 될 만한 제품을 특정 매장에서는 강조해서 진열하기도 한다.

떤 부분이 좋지 않았는지 파악해서 개선할지, 아니면 지금까지 의 방향성을 포기할지 판단해야 하기 때문이다.

관광지는 매우 다양한 영향을 받는다. 지금까지 몇 번의 경험 을 통해 알게 된 사실은 외교 관계에 의해 특정 국가의 관광객이 줄어들거나, 특정한 바이러스나 세균 전파로 유동인구 자체가 줄어들 수 있다는 점이다. 그렇다면 관광지이지만 인근 거주자들에게 어필하는 방법을 찾거나, 또 다른 판매 활로를 찾아야 하는 상황이 될 수도 있다.

　매우 어려운 일이지만 현재 상황이 나빠졌다면 사람들이 또 다른 어떤 니즈가 생겼는지 빨리 찾아내야 한다. 관광지에 직접 오지 못한다면, 관광지의 정취를 느낄 수 있는 제품을 온라인으로 사고 싶지는 않을까? 인근 거주자들이 원하는 제품으로 재구성할 수는 없을까? 이러한 개선을 통해서 매장은 운영을 지속할 수 있게 되고 소비자가 방문할 수 있는 힘을 유지하게 된다.

案

（begin）

(case 6)

소비자의 마음은
시간에 따라 바뀐다

"금요일 밤에 내가 올린 동영상 조회 수가 폭발하는 이유는 뭘까?"

한 사람의 성향이 장소에 따라 달라질 수 있다는 케이스를 살펴보았다. 그런데 시간에 따라서 달라지지는 않을까? 오늘 아침의 나와 오늘 저녁의 나는 같은 행동을 하는 사람일까?

나는 20대까지 박사 학위를 마치기 위해 오랜 기간 학생 신분으로 살았는데, 학생일 때와 회사원일 때 달라진 점이 있다면 주말을 대하는 기분이다. 회사원이 되고 나니 주말이 정말 소중하다. 정말 바쁜 기간엔 주말에도 업무를 해야 하겠지만, 어떻게든 제시간 안에 일을 끝내려 금요일까지 열심히 달리고 주말에는 쉬는 편이다. 그러다 보니 금요일 저녁에 해방감을 느끼곤 한다. 이런 기분은 나만 느끼는 것이 아니리라.

동서고금을 막론하고 금요일을 좋아하는 마음은 같은 것 같다. 오죽하면 TGIF라는 단어가 있겠는가. 많은 브랜드에서 금요일 밤에는 정말 특별한 일이 일어난다.

한 화장품 브랜드에서는 금요일 저녁 매출이 급등하는 현상이 있었다. 퇴근길, 자신에게 아주 작은 보상을 해주는 것이다. '색조 화장품'은 작은 사치 품목으로 백화점 매출 변화에서도 자주 등장하는 품목이다. 적은 금액으로 기분 전환을 할 수 있기 때문이다. '네일아트'도 비교적 적은 비용으로 변화를 준다는 것이 주

큰 변화가 아니라 작은 변화를 줄 수 있는 제품이 있다. 브랜드 내에 특정 시기에 판매가 증가하는 제품이 있는지 찾아낸다면, 강조할 수 있는 시기와 방법을 생각해볼 수 있다.

된 구매 이유로 꼽힌다. 금요일 밤이 되면 작지만 자신에게 보상을 하는 사람들이 늘어나는 현상이 있는 것이다.

레스토랑이나 카페에서도 이러한 현상은 비슷하게 나타난다. 일요일 밤은 오히려 주말이라고 보기엔 평일 저녁과 비슷한 패턴을 보인다. 진정한 주말은 금요일 밤부터 일요일 오후까지라고 볼 수 있다. 일요일 저녁엔 다음날 출근을 준비해야 하기 때문에 무리하지 않는다. 금요일이나 토요일 저녁엔 다음날 피곤할 걱정을 하지 않고 사람들을 만나거나 에너지 넘치는 일을 하는 것이다.

온라인에서도 마찬가지다. 영상을 보거나 구매를 하는 행동도 금요일 밤부터 주말 사이에 달라질 수 있다. 평일 새벽에도 특정 구매가 상승하는 패턴이 나타나기도 하나, 영상을 시청하는 행동 등 시간적 여유가 있어야 하는 일은 주말과 주중 사이 확연히 다른 패턴이 나타난다. 이때 기업은 선택해야 한다. 어떤 행동을 더 많이 하도록 할 것인가, 아니면 하지 않았던 행동을 하도록 유도해야 할 것인가? 정답은 없다. 남의 성공적인 분석 결과를 벤치마크 한다고 해서 성공을 장담할 수는 없다. 인력, 배송, 공간 등 케이스별 상황을 살핀 뒤 결정해야 한다.

1. 데이터 디자인 – 질문하기

내가 올리는 영상을 사람들이 언제 많이 볼까? 언제 영상을 올리는 것이 가장 좋을까?

2. 데이터 디자인 – 문장 쪼개기

- **내가 올리는:** 어떤 플랫폼에 영상을 올리는가? 특정 플랫폼에서 순위에 올라야 하는 상황인가, 아니면 개인 홈페이지인가?
- **영상을:** 어떤 종류인가? 라이브 스트리밍 영상이나 편집 영상을 올리는가? 영상의 길이는 어떠한가?
- **사람들이:** 일반 대중이 찾아서 보게 만들어야 하는가? 정기적으로 구독하는 사람이 있는가? 혹은 구독을 하도록 만드는 것이 더 좋은 상황인가?
- **언제 많이 볼까?:** 특정 요일이나 시간대를 정하고 싶은가? 과거에 영상을 올렸던 시기별로 시청자 수가 집계되어 있는가? 시청자 수는 누적값만 있는가, 일자별 증가한 인원 수가 있는가?
- **언제 영상을 올리는 것이:** 업로드하는 일자에 따라 효과가 달라

지는가? 올리는 시간대에 따라 사람들이 시청하는 패턴이 달라지는가? 아무 때나 올려도 시청이 비슷하게 유지되는가?

▪ **가장 좋을까?**: 시청자 수를 올리고 싶은가? 혹은 구독자 모집이나 영상 전파 등 다른 목표가 있는가? 업로드 시기에 대한 분석이 가지고 오는 이득이 있는가?

3. 데이터 디자인 – 데이터 찾기

당연히 업로드한 영상 시청에 대한 데이터를 찾아야 한다. 자신이 직접 올리고 관련 데이터를 조회할 수 있는 상황이면 좋다. 그러나 이런 데이터를 보기 어려울 수도 있다. 당연히 있어야 할 것 같은 데이터가 남아 있지 않거나, 관련 플랫폼에서 데이터를 제공하지 않는 경우에는 조회하기 어렵다.

　그리고 일반적으로 업로드된 영상의 누적 시청수, 즉 지금까지 몇 명이 봤는지는 기록이 잘되더라도, 매일 몇 명씩 봤는지 혹은 '좋아요'를 누르거나 공유한 횟수 등은 기록이 되지 않았을 수도 있다. 영상을 시청하다가 말고 이탈하거나, 이 영상을 한 사람이 반복해서 본 비율 같은 수치는 알기 어려울 수도 있다. 지금 자신이 영상을 업로드하는 플랫폼이 무엇인지, 그 플랫폼에서 제공하는 데이터의 범위가 어디까지인지에 따라 이 데이터의 수준이 달라진다.

4. 데이터 디자인 - 데이터 분석하기

자신이 업로드하는 영상의 특징도 잘 구분해 분석하면 좋다. 본인이 직접 영상을 제작했는지, 남의 영상을 편집했는지, 영상 길이가 차이가 나는지, 등장인물이나 영상의 성격이 달라지는지 등에 따라서 여러 가지 분류 태그를 걸어 놓으면 좋다. 예를 들어 컬럼에 '자체 제작 영상'임을 표기하고 싶다면 'O, X'나 '1, 0'과 같은 기호를 표기하거나, 아니면 '자체 제작/외부 제작' 등의 분류를 써 놓는 것이다.

이제 영상을 업로드한 연월일시를 여러 관점으로 쪼개어볼 때가 되었다. 어느 요일인지, 시간대를 어떻게 나눌 것인지, 혹은 시청자의 국적이나 연령대 등의 데이터가 있는지, 재시청 비율은 어떻게 되는지 등을 살펴보자.

스스로 만들어놓은 영상의 특징을 기준으로 평균을 내볼 수도 있다. 자체 제작 영상의 시청 패턴과 편집 영상의 패턴이 어떠한지 비교해볼 수도 있다. 등장인물에 따라서 평균을 낼 수도 있다.

5. 데이터 스토리텔링 - 데이터 퍼즐 맞추기

일단 시청자들이 한국에 있다고 한정하고, 시차가 없어서 시간
대 분석이 수월했다고 가정하자. 주말에 주로 영상을 올렸는데,
시청을 많이 하는 시간대는 평일 밤이었다는 분석 결과가 나왔
다. 특히 가장 많이 영상을 본 시점은 금요일 밤이었다. 금요일
밤에 가장 많은 시청이 몰리고, 영상을 업로드하는 주말에 시청
이 많기는 하지만 낮 시간대엔 사람들의 플랫폼 이용 자체가 낮
았다. 아마도 주말에는 외부에 나가는 일이 더 많은 것이리라.
　자체 제작 영상에 대한 시청이 더 낮았지만, 타인의 영상을 편
집해서 올리는 경우 관련된 수익이 적어지는 상황이다. 자체 제
작 영상에 대한 관심과 시청을 더 올리고 싶다. 편집 영상을 보
려고 유입된 사람들이 자체 제작 영상을 함께 보는 비율을 더 살
펴보고 싶다.

6. 데이터 스토리텔링 - 변화를 만들 제언하기

주로 영상을 올리던 시간대가 아닌, 금요일 밤으로 시간대를 조
정해보려고 한다. 사람들이 많이 활동하는 시간대에 올려보기로

한 것이다. 만약 특정 시간대에 영상을 올리는 것이 시청 패턴 변화에 영향을 주지 않는다면, 어느 시간대에 올려도 금요일 밤에는 시청 횟수가 올라갈 것이다.

또한 영상의 특징에 따라 구분을 해보기로 했다. 다른 특징을 가진 영상 두 개를, 동일한 요일과 시간대에 올려 결과를 비교하기로 한다. 이러한 노력에도 불구하고 시청 패턴에 영향이 없다면, 주요 시청층의 데모그래픽에 대한 데이터를 플랫폼 서비스 측에 문의해보려고 한다.

7. 데이터 스토리텔링 – 데이터에 옷 입히기

스스로 영상을 제작하고 업로드하는 1인 기업은 상관이 없지만, 함께 일하는 팀이 있는 경우 간단하게라도 시청 패턴에 대한 차트를 만들어보는 것이 필요하다.

가장 많은 시청이 이루어지는 시간대에 대한 차트가 중심이 될 것이다. 핵심적인 차이가 나타나는 것은 요일일 수도 있고, 시간대일 수도 있다.

이 요일이나 시간대에 어떤 영상을 올리는 것이 효과적일 것이라는 가설을 가지고, 제안을 해볼 수 있다.

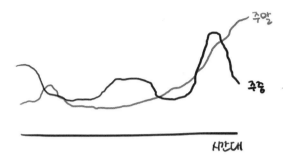

구매나 시청 패턴이 될 수도 있고, 다른 지표일 수도 있다. 특정 시간대마다 특이점이 온다면 그 원인을 파악해보자. 현상 자체를 아는 것보다 더 중요한 것은 왜 그런 일이 일어나는지 아는 것이다. 그래야 다음 전략을 세울 수 있다.

8. 데이터 기반 의사결정 – 액션 아이템 만들기

이제 영상 업로드 스케줄을 새롭게 만들어본다. 업로드 데이터가 아닌 시청 데이터를 가지고 만든 패턴이므로, 실제로 금요일 저녁에 영상을 업로드하는 것이 유효할지 알 수가 없다. 몇 가지 종류의 영상을 금요일 저녁 시간에 매주 올려보기로 한다. 후에 이전에 올렸던 영상 패턴과 비교해보려고 한다.

9. 데이터 기반 의사결정 – 현장의 변화 만들기

영상을 올리고, 데이터를 바로 확보할 수 있는 경로를 확인해둔다. 지금까지는 패턴을 찾기 위해 과거 데이터를 찾아보았지만, 이제 영상을 올린 뒤 바로 데이터를 확인하면서 효과를 직접 조정해보려고 한다. 플랫폼에 따라 하루가 지난 뒤, 혹은 며칠 후에 데이터 조회가 가능할 수도 있다. 실시간으로 조회가 되지 않을 수도 있다는 것이다. 이런 경우 데이터를 보면서 바로 대응하는 것이 어려울 수 있다. 그러나 예전보다는 더 빠른 효과 측정이 가능해진다. 효과 측정하는 방법을 알고 있고, 확인해야 할 가설이 명확하기 때문이다.

10. 데이터 기반 의사결정 – 소비자의 반응 포착하기

금요일 저녁 7시 정도부터 영상 시청 횟수가 올라가 10시에 시청률이 최고가 되는 것을 보고, 새로운 영상을 금요일 저녁 10시에 올려보았는데, 예전보다 금요일 영상 시청이 15퍼센트 정도 늘어난 것을 확인했다. 10시보다 더 빠른 시간대에 올리는 것은 어떨까? 영상 시청 횟수가 올라가기 시작하는 7시에 올려 보는 건 어떨까? 7시에 올렸더니 시청 횟수가 평소 금요일보다 더 올라가지는 않는 것 같다. 금요일은 동일하게 유지하면서 8시, 9시로 시간을 옮겨가며 업로드했더니, 9시에 업로드했을 때 가장 큰 폭으로 초기 반응이 올라간 것이 확인되었다.

라이브 방송도 이런 식으로 조정을 할 수 있다면 좋겠지만, 라이브 방송은 시간을 정해놓고 정기적으로 진행할 때가 많아 조정이 어려운 경우도 있다. 이럴 땐 몇 번의 방송 시간별 최고 시청자 수 패턴으로 다시 분석을 해보아야 한다. 하나의 영상 조회가 아닌, 긴 시간대 라이브 방송의 시청 패턴을 분석해보는 것이다. 최고 시청률이 나오는 시간대와 시청 감소 시간대를 비교해 적절한 콘텐츠와 이탈 방지 시간대를 확인하는 것이 필요하다. 물론 이 모든 분석에 앞서 가장 중요한 것은 영상 콘텐츠의 품질이다.

$$\boxed{\text{case 7}}$$

소비자의 마음은
성별이나 나이로 구분할 수 없다

"원두를 구매하는 고객은 어떤 사람들일까?"

기업은 소비자의 데모그래픽, 특히 성별이나 연령대를 알고 싶
어 한다. 솔직히 말하면 성별이나 연령대를 안다고 해서 딱히 뾰
족한 방법이 있는 건 아니다. 사는 지역도 마찬가지다. 혹자는 사
는 지역에 따라 소비 수준을 추정해 구매 분석이 가능하다고 하
는데, 솔직히 잘 모르겠다. 그냥 단순하게 생각해보면 된다. 옆
집 사는 사람이 나랑 같은 옷을 입고 있을 확률이 얼마나 될지
생각해보자.

　물론 큰 집단으로서 특정 지역 내 유사한 패턴이나 지역 간 행

186

동 패턴 차이가 있기는 하다. 그러나 그냥 당신이 다니던 초등학교나 중학교 옆자리의 친구들, 즉 같은 성별, 같은 연령, 같은 지역에 살던 친구들이 현재 어떤 모습인지 생각해보라. 우린 취향이 다른 사람들이다. 나는 그런 이유로 개인차가 집단 간 차이보다 더 강하다고 생각한다.

그렇다면 인간이 모두 다른 개성을 가지고 있기 때문에, 소비자로서 특정 집단이 발생하지 않는 걸까? 그건 또 그렇다고 할 수 없다. 나는 특정 연령대가 유사한 행동을 보일 가능성이 있다고 생각하는데, 이는 생활 주기가 비슷할 수 있기 때문이다. 예를 들어, '직장에 다니고 초등학생의 자녀를 키우는 워킹맘'이 유사한 생활 습관을 가질 확률은 높다고 생각한다. 단순히 나이가 비슷한 여성이기 때문이 아니라, 어떤 행동을 할 수 있는 여건상의 유사성 때문이다.

데모그래픽에만 집중하는 것보다, 행동의 유사성을 파악하는 것이 훨씬 중요하다. 유사한 연령대에 유사한 행동을 보였던 과거와 달리, 이제 나이나 성별의 제한도 고정관념에 불과해졌다.

주방용품은 전업 주부만이 사갈까? 1인 가구가 급증하면서 어느 연령대의 어느 성별이 구매해도 이상하지 않은 제품군이 되었다. 주방용품 매장에 가보면 여전히 성인 여성이 구매하는 모습을 많이 볼 수 있겠지만, 증가하는 다른 고객군을 놓칠 수 있다는 의미다.

 타깃을 정의할 때 단순히 '30대 남성'이나 '40대 여성'이라고 할 것이 아니라, 고객군이 어떤 생활 패턴을 가지고 우리 제품이나 서비스를 필요로 할지 정의하고 접근하는 것이 훨씬 중요하다.

1. 데이터 디자인 – 질문하기

우리 매장에서 커피 원두를 구매하는 고객군은 어떤 연령대일까? 어떻게 이 고객들이 원두를 더 많이 구매하도록 할 수 있을까?

2. 데이터 디자인 – 문장 쪼개기

- **우리 매장에서**: 매장이 하나인가? 여러 개인가? 온라인 구매도 함께 할 수 있는가?
- **커피 원두를 구매하는 고객군은**: 커피 원두의 종류는 얼마나 되는가? 제품군에 포함된 제품은 몇 종류인가? 그 커피를 모두

하나의 원두로 정의할 것인가?

- **어떤 연령대일까?**: 나이가 중요한가? 이러한 질문을 하게 된 특별한 원인이 있는가? 사실은 어떤 특성을 가진 사람들인지 알고 싶어서이지, 연령대 자체가 궁금한 것은 아니지 않을까? 그렇다면 실제로 보고 싶었던 고객 특성은 무엇일까?

- **어떻게 이 고객들이**: 어떤 방법론을 생각하고 있는가? 홍보나 마케팅 방법을 생각해놓고 있는가? 아니면 제품군의 확장이나 디스플레이의 변화 등을 고려하고 있는가?

- **원두를 더 많이 구매하도록**: 기존에 원두를 구매하던 사람이 더 많이 구매하게 하고 싶은 것인가? 아니면 원두를 사는 고객 특성을 파악해, 유사한 특성을 가진 고객이 더 유입되도록 하고 싶은가?

- **할 수 있을까?**: 제품군과 해당 매출 볼륨을 확장하고 싶은지, 아니면 기존 제품군을 판매할 수 있는 고객군을 확보하고 싶은지, 현황을 어떻게 파악하고 있는가?

3. 데이터 디자인 – 데이터 찾기

질문의 본질에 맞추어, 원두 판매 데이터와 고객 데이터가 확보되어 있는지가 가장 중요하다. 고객 데이터란 개인정보가 포함된 정보를 말하는 것은 아니다. 누구인지 모르게 익명화되었지만, 활용할 정보가 들어 있으면 충분하다. 이때 고객 데이터에 어떤 데이터가 있는지를 파악하는 것이 데이터 찾기의 시작이다. 우리가 확보한 데이터가 충분히 많지 않을 수 있다.

이럴 땐 원두를 구매한 고객이 어떤 다른 제품을 샀는지 파악해보면 고객 데이터로서 유용하게 활용된다. 다른 제품 구매를 살펴보면 어떤 성향의 고객인지 알 수 있는 실마리를 얻기 때문이다.

4. 데이터 디자인 – 데이터 분석하기

원두를 구매한 고객을 살펴보니 다른 커피도 다양하게 구매를 한다는 것이 파악되었다. 원두를 구매하는 사람은 다른 커피를 안 마시는 게 아니라, 커피에 관심이 많아 원두도 구매하는 것으로 보인다. 또한 원두 구매자들은 다른 커피 관련 집기들도 다양하게 구매하는 것으로 보인다. 커피를 직접 내려 마시기 위해 원두를 구매하는 것일 테고, 커피 필터뿐 아니라 머그나 주전자 등도 구매한 이력이 보였다.

절대 미각이 아니더라도, 여러 원두를 비교해가면서 자기만의 취향을 알아가는 것은 재미있는 경험이다. 어떤 분야라도 그렇다. 남이 좋다고 하는 것이 아니라 자신이 좋아하는 것을 찾는 과정은 즐겁다.

5. 데이터 스토리텔링 - 데이터 퍼즐 맞추기

원두 구매자를 파악하려고 했는데, 사실 원두 구매자들의 구매 패턴을 알기가 더 어려워졌다. 왜냐하면 패턴이랄 게 없이, 다양한 커피 음료와 기구를 사고 있었기 때문이다. 원두 구매자들은 단순히 원두만 구매하는 게 아니라, 커피 자체를 사랑하는 사람들임을 알게 되었다.

연령대 차이는 거의 없었다. 커피를 취미 생활로 접근하는 사람들이 다양한 연령대에 분포해 있었다.

6. 데이터 스토리텔링 – 변화를 만들 제언하기

원두와 함께 직접 커피를 내려 마시고 싶은 사람들이 시작할 수 있는 커피 세트를 만들어보고자 한다. 원두, 원두 분쇄기, 드리퍼, 커피 필터 등이 포함된 스타터다. 모든 기구를 갖춘 사람들을 대상으로도 판매 세트를 구성해야 한다.

원두의 로스팅 시기를 강조해, 신선한 원두를 판매하는 매장이라는 것을 최대한 알도록 한다.

의외로 다양한 원두를 구매하는 사람은 많지 않았다. 다양한 원두 맛을 즐기고 싶을 줄 알았는데, 자신이 좋아하는 원두를 명확하게 아는지 비슷한 품종의 원두를 반복 구매하는 비율이 꽤 많았다.

이를 커피에 대한 취향 단계로 나누어볼 수 있을 것이다. 취미로 커피를 알고 싶은 사람, 알아가는 사람, 자신의 취향을 알고 있는 사람으로 점차 발전해가는 것이다.

7. 데이터 스토리텔링 – 데이터에 옷 입히기

커피 세트를 구성할 때 처음 시작하는 사람, 자신의 취향을 알아가는 사람, 이미 확고한 취향을 가진 사람으로 나누어야 한다는 계획을 가지고 해당 고객들이 지금까지 어느 정도의 비율이었는지 확인해본다. 각 단계의 사람들이 구매했던 제품의 종류도 확인해볼 수 있다.

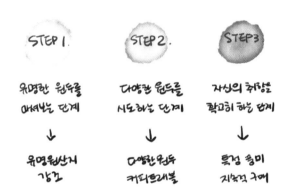

어떠한 제품군이라도 고객의 발전 단계를 알게 되면 소비자의 즐거움을 도울 수 있는 단서가 된다. 필요한 단계에 필요한 제품을 제공하는 것, 이것이 데이터 분석이 필요한 이유다.

8. 데이터 기반 의사결정 – 액션 아이템 만들기

커피 취미 단계에 따른 제품을 구성해보려고 한다. 이미 매장에서 판매하는 제품도 있고, 새롭게 도매 판매처를 알아보아야 하는 것도 있다. 가격은 어떻게 정할지, 판매 목표는 어느 정도로 잡을지도 다각도로 살펴보아야 한다.

커피 클래스와 연계하는 방법도 고민해본다. 이 제품만을 판매하는 것이 아니라 커피를 배우는 자리를 만드는 것이다. 제품을 구매하는 사람이나 교육비를 지불하는 사람을 대상으로 운영하는 방법을 생각해볼 수 있다. 교육을 진행할 사람에게 이 시간이 즐겁지 않다면 당연히 진행할 수 없다.

9. 데이터 기반 의사결정 – 현장의 변화 만들기

우선 판매하던 제품으로 조합 가능했던 커피 세트를 만들어 판매하기로 했다. 큰 부담 없이 기존 판매 제품의 구성과 패키지만 개발하면 되었다. 패키지 안내문에는 이 세트가 어떤 고객을 위한 것인지 소개하는 글이 적혀 있다. 이미 제품을 구매한 적이 있는 고객에게는 다음 단계로 나아갈 수 있는 다른 세트를 소개해주었다.

커피 클래스를 진행하고 싶어 하는 바리스타가 있어, 자신이 소유한 커피 세트를 가지고 오는 고객에게 클래스를 열었다. 각자 기구가 조금씩 달라, 그 차이를 설명해주면서 서로 이해를 해나가기도 했다. 다른 기구를 추가로 구매하고 싶은 고객을 위해 현장에서 제품을 구매할 수 있도록 준비해두었다. 물론 구매 가능한 원두도 다양하게 구비해둔다.

10. 데이터 기반 의사결정 – 소비자의 반응 포착하기

생각보다 많이 판매될 수도 있고, 그렇지 못할 수도 있다. 판매 부진의 원인은 온라인 제품과의 가격 경쟁력이 꼽힐 수도 있다. 직접 만들어 판매하는 제품이 아닌 경우, 온라인에서 더 저렴하게 구매할 수도 있기 때문이다. 일회성으로 구매하는 기구들은 더욱 온라인에서 구매할 확률이 높아진다. 전문 커피 도매상이 소매 판매도 겸하는 경우가 많기 때문이다.

또한 원두 소비 주기가 판매 저하 요인이 된다. 개인이 한 봉지의 원두를 다 먹는 데까지 어느 정도 기간이 소요된다. 대량으로 구매하는 오피스 고객이 있다면 원두 판매에 날개를 달 수 있다.

고객이 사기 편한 제품의 조합을 찾아야 한다. 매장에서 남는 제품들을 모아서 판매한다는 인상을 주면 안 된다. 실제로 고객이 사고 싶어 하는 조합, 자주 살 수 있는 커피 세트를 만들어야 한다. 소비자가 원하는 조합이 아닌 경우, 항상 카페 한 편에 놓여 먼지 쌓인 재고로 남을 뿐이다.

소비자의 마음은
요소를 나누어보면 알 수 있다

"저 손님은 왜 늘 핫초코와 초콜릿 케이크를 함께 주문할까?"

새해가 될 때마다 체중 감소를 위해 다이어트를 결심하는 사람들이 많다. 새해 계획 순위에 항상 올라가는 항목이다. 2020년에도 사람들이 실내에 있는 시간이 길어지면서 다이어트가 큰 화두가 되었다. 움직임이 적을수록 식이요법이 필요해진다.

   식단을 신경 쓰기 시작하면 무엇 하나 자유롭게 먹지 못한다. 나는 체중 관리가 필요하다고 느끼면 음식을 먹을 때마다 칼로리를 계산해주는 앱을 쓰곤 하는데, 음료 한 잔을 마실 때도 얼마나 신경이 쓰이는지 모른다. 커피와 콜라를 좋아하는데, 아메

리카노는 칼로리가 굉장히 낮지만 라테 종류는 우유의 칼로리를 신경 쓰지 않을 수 없다. 콜라도 제로 칼로리가 있기는 하지만 신경이 쓰이긴 마찬가지다. 특정 카테고리의 음료라고 해서 반드시 칼로리가 높거나 낮은 것이 아니라, 그 음료에 포함된 낱개의 칼로리를 뜯어보아야 한다.

가끔 어떤 음식을 보면 칼로리로 상상될 때가 있다. 특정한 질감과 맛을 내기 위해 층층이 쌓여 있는 것들, 다 먹고 나면 몇 칼로리이려나? 이런 생각을 하게 되는 것이다.

음식은 어떤 식재료를 강조하느냐에 따라 메뉴 이름이 바뀌기도 한다. 그리고 어떤 카테고리에 있느냐에 따라 칼로리가 낮게도 느껴지고, 높게도 느껴진다. 계절마다 유행하는 식재료도 있고, 특정 단어가 건강해 보이는 인상을 주기도 한다.

디저트 카페에 가보면 쉽게 볼 수 있는 대표적인 메뉴, 케이크와 샐러드 중 케이크를 선택하는 사람과 샐러드를 선택하는 사람은 어떤 차이가 있을까? 이러한 선택과 동반되는 다른 행동이 있지는 않을까? 이번 케이스에서는 이러한 성분에 대한 분석 기획을 이야기해보고자 한다.

특정 제품에 대해 요인을 나누어 데이터 컬럼을 추가할 수 있는 케이스도 이야기한 적이 있다. 보통 이런 제품 정보를 정리해놓은 테이블은 디멘전 테이블Dimension Table에 해당한다. 디멘

전 테이블을 잘 정리해놓으면 다양한 각도에서 분석할 수 있다.

1. 데이터 디자인 - 질문하기

칼로리를 신경 쓰는 고객은 샐러드와 케이크 중 샐러드를 선택할 것 같다. 그럼 샐러드와 함께 구매하는 음료는 또 어떤 특징이 있을까? 케이크를 먹는 고객은 또 어떤 특징이 있을까?

2. 데이터 디자인 - 문장 쪼개기

- **칼로리를 신경 쓰는 고객은**: 칼로리를 신경 쓰는 고객이라고 함은, 칼로리가 낮은 제품을 구매하는 사람들인가? 칼로리가 낮고 높다는 기준은 어떻게 세우는가? 현재 판매하는 제품의 칼로리 정보를 얻을 수 있는가?
- **샐러드와 케이크 중**: 샐러드의 종류도 여러 가지인데, 샐러드마다 각기 다른 정보를 모두 저장해놓았는가? 케이크는 몇 종류를 판매하고 있는가? 각 케이크에 대한 정보가 있는가?
- **샐러드를 선택할 것 같다**: 좀 더 칼로리가 낮은 샐러드를 구매

한다는 의미일 것이다. 그렇다면 이 가정에 따라 칼로리를 명시해서 제품 정보에 강조해놓았는가?

- **그럼 샐러드와 함께 구매하는 음료는**: 샐러드를 구매한 영수증에 함께 들어 있는 제품 정보를 볼 수 있는가? 이렇게 제품 간 동시에 구매한 정보를 파악할 수 있다면, 샐러드 구매시 함께 구매한 음료가 무엇인지 분석할 수 있는가?
- **또 어떤 특징이 있을까?**: 음료 정보도 세세하게 가지고 있는가? 영양 성분이나 칼로리 등 연계해서 분석해볼 만한 정보가 있는가?
- **케이크를 먹는 고객은**: 케이크는 칼로리가 높다는 것을 전제하고 있다. 정말 케이크는 샐러드보다 칼로리가 높은가? 샐러드도 성분에 따라 칼로리가 높기도 하고, 케이크도 성분에 따라 칼로리가 낮기도 하지 않을까?
- **또 어떤 특징이 있을까?**: 케이크와 함께 구매한 제품 정보를 분석할 수 있는가? 이 분석이 샐러드와 대비되어 나타나는가?

3. 데이터 디자인 – 데이터 찾기

이 분석에서 가장 중요한 것은 제품 정보가 잘 정리되어 있느냐다. 생각보다 제품 정보를 테이블로 잘 정리해놓은 경우가 많지 않다. 제품이 한번 팔리고 나면 일정한 판매 기간마다 바뀌는 일이 많고, 이 정보를 하나의 테이블에 잘 정리해놓기가 어려운 경우가 많다. 마음잡고 제품에 대한 데이터를 다시 정리해야 하는 케이스가 될 수도 있다.

또, 영수증 단위의 분석이 가능해야 한다. 함께 구매한 제품에 대한 정보를 찾는 것이다. 하루 중 샐러드가 얼마나 팔렸고, 케이크가 얼마나 팔렸고, 어떤 음료가 얼마나 팔렸는지 매출 집계를 하려는 것이 아니다. 샐러드와 함께 팔린 제품의 정보를 알아야 하기 때문에 데이터가 구매 단위로 정리되어 있는지를 반드시 확인해보아야 한다.

4. 데이터 디자인 - 데이터 분석하기

분석의 순서는 데이터가 정리되어 있는 상황에 따라 달라지는데, 이번엔 하나의 영수증 안에 어떻게 세트로 묶여 있는지가 중요하므로 이 분석 먼저 진행을 해보는 것을 권한다. 하나의 제품 단위로 분석을 진행해도 되고, 그 제품들을 제품군으로 구분해도 된다. 결국 영수증 단위로 묶여 있는 제품들을 분석하고, 그

건강이나 칼로리에 집중하는 사람은 비슷한 제품을 구매할 확률이 높다. 특정 원재료를 좋아하는 사람은 비슷한 성분이 든 제품을 구매할 확률이 높다. 이러한 고객 특성을 파악하면 소비자가 원하는 신제품이나 세트 메뉴를 제공할 수 있다.

제품이 정리된 단위로 다시 그룹 지어주거나 칼로리 등의 요인으로 다시 그룹을 만드는 단계가 필요하다.

5. 데이터 스토리텔링 – 데이터 퍼즐 맞추기

함께 산 제품에 대한 페어링Pairing 분석을 해보니, 샐러드는 건강 주스와 함께 구매하는 비율이 높았다. 그리고 케이크는 고칼로리 음료를 마시는 고객이 구매한 비율이 높았다. 초콜릿 케이크를 구매하는 사람이 초콜릿 음료를 구매했다. 메뉴를 선택할 때 유사한 성질을 가진 제품을 구매하는 것이다.

과거 데이터와 연결해보니 이런 성향은 지난 판매 기간에 사라진 제품과도 연결되었다. 과일 케이크를 구매하는 사람은 과거에도 유사한 과일이 데코레이션되어 있는 지금은 단종된 제품을 구매한 적이 있었다. 초콜릿 음료 구매자도 마찬가지로 과거 판매된 초콜릿 케이크도 구매했다.

제품에 대한 선호가 칼로리 자체에 대한 성향은 아닌 것으로 보인다. 칼로리가 낮고 칼로리가 높은 제품을 선택한다기보다, 그 제품에 포함된 특정 성분에 대한 선호가 강한 것이다. 초콜릿을 좋아하기 때문에 초콜릿 음료와 초콜릿 케이크를 구매하는 것이지, 칼로리가 높은 음식 자체를 선호해서 고칼로리 제품을 구매한 것은 아니다.

6. 데이터 스토리텔링 – 변화를 만들 제언하기

이제 세트 메뉴에 대한 스토리를 만들어보자. 판매 순위가 높은 것들끼리 묶는 것이 아니라, 사람들이 선호하는 제품들을 짝 짓는 것이 나을 것이란 감이 온다. 예를 들어 다이어트를 하는 고객이 선택할 수 있는 건강 및 저칼로리 관련 제품 조합을 살펴보고 제시한다. 총 칼로리를 강조해 낮은 칼로리 섭취를 이야기해볼 수 있다.

또는 초콜릿을 좋아하는 고객에게 새로 나온 초콜릿 음료를 권해본다. 이전에 시트러스 계열 과일 음료를 구매한 고객에게 새로 나온 시트러스 계열 음료를 권해본다.

7. 데이터 스토리텔링 – 데이터에 옷 입히기

세트 메뉴 데이터를 제시하는 것이 관건이다. 베스트 제품에 대한 표기만으로도 선택의 폭을 좁혀주므로 고객들에게 편의를 줄 수 있다. 이번의 기획은 페어링을 얼마나 납득할 수 있도록 보여주느냐에 대한 것이다. 이 세트가 기존 고객들이 선호하는 조합이라는 것을 내부에 설득해야 한다.

주요한 성분에 대해 그룹을 지어 보여주는 것도 좋다. 반드시 차트로만 제시할 필요는 없고, 어떠한 조합인지 사진이나 이미지를 함께 보여주어도 된다.

8. 데이터 기반 의사결정 – 액션 아이템 만들기

신년을 맞이해 다이어트 계획을 돕는 저칼로리 세트를 제안한
다. 혹은 발렌타인데이에 초콜릿 관련 제품을 섞어 판매할 수도
있다. 계절과 성분이 잘 맞아떨어지는 때에 선보이고, 성공적이
라는 확신이 들면 다시 연장해 판매한다. 달력을 잘 보면서 특정
한 행사나 기념일이 있는지, 제철 과일이나 성분을 병기해서 기
획하는 것도 도움이 된다.

달력을 펼치고 우리가 놓치고 있는 시즌은 없는지 살펴보자. 너무 많은 행사를
할 필요는 없지만, 사람들이 알고 있는 기회를 놓치고 있지 않은지 확인해보자.

9. 데이터 기반 의사결정 – 현장의 변화 만들기

이번 프로젝트에서 변화해야 하는 부분은 메뉴판이나 세트 메뉴에 대한 홍보, 새로운 메뉴에 대한 개인화된 제안이다.

메뉴판이나 홍보 입간판 등을 세우는 것은 작게 시작해도 된다. 결제 시점에 카운터에서 볼 수 있는 A4 사이즈의 팝업 홍보물로 충분하다. 어떤 메뉴를 조합해서 구매하면 혜택을 준다거나, 그 조합이 인기가 있다는 정보만 제공해도 된다.

제안에는 브랜드 웹/앱을 보유한 경우와 아닌 경우가 있다. 웹/앱을 가지고 있다는 것은 개인이 로그인을 했을 때 개인화된 정보를 보여준다는 것이다. 이때 개인정보를 분석가가 다루는 것은 아니므로, 보통은 로직Logic에 대한 제안을 해주게 된다. 메뉴 조합을 상단에 보여주는 조건을 만들어주는 것이다.

매장에서 고객에게 직접 제안하는 경우는 판매자의 시간 소요와 고객 피로라는 리스크가 생길 수 있다. 단골 고객이라면 평소 먹는 제품 취향을 알기 때문에 괜찮지만, 다수의 고객을 만나는 경우라면 어떤 제품을 제안하는 것이 좋을지 감이 오지 않는다. 모든 고객에게 똑같은 제안을 하는 것이 꼭 좋은 것만은 아니므로, 시즌과 연관된 제안을 구매 시점에 보여주는 것이 더 효과적이다.

10. 데이터 기반 의사결정 – 소비자의 반응 포착하기

대면해서 소비자에게 새로운 제안을 하는 경우, 성공적이지 않다면 빠르게 수정해야 한다. 판매자와 소비자 모두를 지치게 하는 제안은 장기적으로도 좋지 않다.

구매 시점에 하나의 정보에 집중할 수 있도록 강조하는 것도 좋다. 매장에서 보여주는 정보를 소비자가 모두 보았을 거라고 생각하면 안 된다. 소비자는 매장에서 제시하는 다양한 정보를 그렇게까지 집중해서 보지 않는다. 특히 자신이 익숙하게 다니는 곳이라면 말이다. 하나의 새로운 정보에 집중하도록 해주는 것이 필요하다.

세트 메뉴에 대한 제안은 제품을 한 가지만 구매하는 고객이 새로운 시도를 해볼 수 있는 방법이 되기도 하고, 수많은 선택지에 놓인 소비자에게 정보를 제공하는 것이기도 하다. 이러한 제안에 성공한다면, 매장에서는 조금이라도 더 많은 매출을 올릴 수 있다. 이러한 제안은 과소비를 부추기는 것이 아니라 필요한 정보를 제공하고 더 편리하게 구매하는 것이 목표가 되어야 한다. 소비자가 원하는 것을 알고, 편리한 선택을 제공하면 구매는 자연스럽게 따라온다.

소비자의 마음은
반응 속도를 보면 알 수 있다

"지난번에 1시간 만에 완판된 제품이 왜 이번에는 반응이 없는 걸까?"

"어, 지금 정적은 뭐야? 왜 바로 대답 못했어?"

사람들이 흔히 하는 표현이기도 하다. 모든 상황에서 일반화하기는 어렵지만, 바로 답을 하지 못한다는 것은 명확하고 간단한 사안이 아니라 좀 더 고민이 필요한 상황이라는 의미이기도 하다. 모든 것이 아주 확실하게 표현될 수 있다면 좋겠지만 인간사에는 그렇게 간단한 것이 많지 않다.

반응 속도를 측정해 얼마나 명확한 이미지인지 분석할 수 있지 않을까? 이런 생각으로 암묵적인 반응에 대한 연구가 발달

해왔다.

이번 케이스는 비전문가가 분석하기는 쉽지 않다. 기술적인 뒷받침이 필요한 측정이다. 사람들이 자연스럽게 하는 행동을 포착해 데이터화하고 분석하고자 하는 움직임은 늘 있었다. 최근 기술이 발달하면서 점점 더 쉽고 상대적으로 저렴해지고 있지만, 여전히 정확도가 떨어지거나 상당히 고가에 속하는 장비가 대부분이다.

이를테면 화면의 어느 부분에 시선이 머무는지 분석하는 아이트래커Eyetracker는 20년 전에도 있던 장비다. 당시엔 수천만 원의 장비를 구매해 연구하는 것조차 쉽지 않았다. 대학원 연구소에 있었지만 쉽게 사용하거나 분석하기는 어려웠다.

CCTV처럼 일상적인 소비 행동을 촬영하고 영상을 판독해 행동을 분석하는 것도 가능하다. 그러나 이것도 개인정보에 대한 이슈뿐 아니라 장비 비용, 데이터 분석 정확도가 아직까지는 보편적 사용이 가능할 만큼은 올라오지 못했다.

반응 속도를 측정하는 것도 마찬가지다. 속도를 측정하는 프로그램이 있어서 연구 목적으로 분석할 수 있지만, 실제 상황에서 매번 속도를 측정하기는 어렵다. 결국 설문조사 같이 수동적인 응답이 아니라 실제 행동이라 하더라도, 실험 상황에서만 정확한 측정이 가능한 경우가 많다.

온라인에서는 기록해둔 로그의 시간차를 이용해 이런 반응 속도 측정이 가능하다. 기간이 될 수도 있다. 예를 들면 이렇다. 홈페이지에 가입한 뒤 첫 구매를 하는 데 드는 기간, 웹사이트에 접속한 뒤 체류하는 시간 등이다. 상황에 따라 얼마나 빨리 구매를 하는지가 좋은 지표일 수도 있고, 얼마나 오랫동안 페이지에 머무는지가 좋은 지표가 될 수도 있다.

현실의 행동을 데이터화하려는 시도는 기술의 발달과 함께 점점 더 쉽고 간단하고 저렴한 비용으로 수행 가능해질 것이다. 자율주행이라는 화두만 상상해보아도 얼마나 다양한 실제 상황이 기계를 통해 인식되고 처리되는지 알 수 있다.

1. 데이터 디자인 - 질문하기

이번 시즌 제품은 왜 바로 매진되지 않았을까? 지난 시즌에는 1시간 만에 매진되었는데, 왜 이번에는 하루가 지나도 제품이 남았을까?

2. 데이터 디자인 – 문장 쪼개기

- **이번 시즌 제품은 왜**: 이번 시즌 제품의 카테고리는 잘 정리되어 있는가? 시즌별로 판매되는 것과 상시 판매되는 제품 모두를 분석하려고 하는가? 아니면 시즌 제품만 한정적으로 분석할 것인가?
- **바로 매진되지 않았을까?**: 제품 발주량은 얼마나 되는가? 발주량이 전량 소진되는 것이 목적이었는가? 평소 판매되는 양보다 더 많은 제품을 발주한 것은 아닌가?
- **지난 시즌에는**: 이번 시즌과 대비할 수 있는 과거 시즌이 있는가? 같은 기간, 같은 시간대에 판매되었나? 차이점이 있다면 무엇인가?
- **1시간 만에 매진되었는데**: 한 개의 제품에 대한 것인가, 전체 시즌 제품에 대한 것인가? 1시간이라는 시간은 어떻게 측정되었는가? 판매 추이는 어떠했는가?
- **왜 이번에는**: 지난 시즌과 이번 시즌 간 차이를 분석할 만한 주제가 결정되었는가? 같은 장소, 같은 고객군을 대상으로 보고 있었는가?
- **하루가 지나도**: 개점한 지 24시간이 지났는가? 며칠 더 판매할 수 있는 이벤트인가?

- **제품이 남았을까?**: 제품 발주량이 같은가? 같은 제품을 판매한 것인가, 아니면 시즌에 따라 제품 자체가 달라진 것인가?

3. 데이터 디자인 – 데이터 찾기

판매 시기, 제품 정보, 구매 고객 데이터가 모였는지 확인해보자. 일단 무엇이든 비교를 하기 위해서는 동등한 상태의 데이터가 있는지 확인해보아야 한다. 제품이 동일하지 않다면, 판매 기간 이 동일하지 않다면, 비교하는 요인 자체에 이런 정보가 담겨야 한다. 단순하게 매출이나 보고 싶은 지표만 비교하는 것은 통계적으로 공정하다고 볼 수 없다.

이제 구매 시각을 표기한 데이터가 중요한데, 보통 연월일시와 달리 좀 더 상세한 타임스탬프^{Time Stamp} 데이터 등을 확인해보자. 시간에 대한 차이를 구하는 함수 등을 사용하면 특정 시점과 구매 시각 간 고객 행동도 확인할 수 있다.

4. 데이터 디자인 - 데이터 분석하기

지난 시즌과 이번 시즌을 비교할 수 있는 항목을 하나씩 정리하고 분석해야 한다. 제품 종류부터 홍보/마케팅 방법, 실제 구매한 고객의 재구매율까지 분석해볼 항목이 많을 것이다. 보통 판매 장소, 판매 제품, 구매 고객, 실제 구매 시점의 행동 데이터가 있으면 웬만한 분석이 가능하다.

하나의 제품을 이번 시즌에 판매했다고 가정해보자. 지난 시즌에 구매한 고객이 두 개 이상 살 만한 제품이 아니어서 이번 시즌에는 구매하지 않은 것일지도 모른다. 혹은 제품 자체가 바뀌고 제품의 매력이 달라져버린 것일지도 모른다. 어쩌면 지난 시즌에 1시간 만에 매진된 것 자체가 이상 현상일 수도 있다.

5. 데이터 스토리텔링 - 데이터 퍼즐 맞추기

제품 판매 추이를 분 단위로 보니, 지난 시즌의 판매는 초반 30분에 거의 다 이루어지고 완만하게 감소한 것이 확인되었다고 하자. 그리고 이번 시즌에는 판매 증가가 서서히 나타나 1일이 지나고 나서야 J커브를 그렸다.

이번 시즌에는 기존 고객의 재구매가 낮았고 대신 신규 고객의 구매가 늘어났다. 기존 고객은 두 개 이상 구매할 이유가 없다고 판단했지만, 새로운 고객이 유입할 만한 힘은 남아 있는 제품인 것이다. 따라서 신규 고객이 제품 정보를 얻는 데 더 시간이 소요되었고, 제품 판매 최고치도 이전 시즌보다 더 오래 걸렸다고 가정할 수 있다.

6. 데이터 스토리텔링 – 변화를 만들 제언하기

그렇다면 다음 시즌은 어떻게 준비해야 할까. 이 제품이 반드시 같은 제품군으로 유지되어야 한다면, 기존 고객도 재구매를 하고 싶어지는 요인을 포함해야 할 것이다. 그리고 신규 고객이 사전에 제품 정보를 얻을 방법을 알아보아야 한다. 기존 고객의 유지와 신규 고객의 유입은 언제나 양쪽 모두 신경 써야 한다. 물론 이탈이 가속화될 때에 재방문율이나 잔존율을 위해 애쓰거나, 새로운 고객 유치를 위해 에너지를 집중해야 할 때가 있다. 그렇게 에너지를 집중하려면 신경은 쓰고 있어야 한다. 내버려두었다가 나중에 분석하려 하면 이미 늦다.

7. 데이터 스토리텔링 - 데이터에 옷 입히기

이번에는 시즌 비교를 통해 다음 시즌을 준비할 인사이트를 얻는 것이 목표다. 비교할 데이터를 많이 준비해야 하고, 다음 시즌 전략을 위해 차이에 따른 장단점을 정리해야 한다.

특정 시즌에 대한 색을 지정해 반복적인 비교에 지치지 않도록 하는 것도 방법이다. 처음 자료를 보는 사람들에게 매번 차트의 색이나 색인을 매치하도록 하는 것은 좋은 방법이 아니다. 차트를 제공하는 툴이 자동으로 제고하는 것을 넘어, 좀 더 쉽게 가공해야 할 때도 있다. 청자가 너무 많은 정보 속에서 암호 해독을 하도록 만들면 안 된다. 바로 한눈에 이해할 수 있도록 배려하는 것도 필요하다.

8. 데이터 기반 의사결정 - 액션 아이템 만들기

이제 다음 시즌에 해야 할 일을 정한다. 제품 패키지에 변화를 주기로 했고, 제품과 관련된 일은 준비 기간이 오래 필요하기 때문에 미리 일정을 맞추어야 한다.

고객이 바로 구매하지 않은 현상은 정보를 사전에 충분히 인

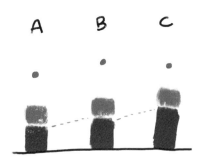

A시즌과 B시즌과 C시즌. 해를 거듭하면서 무엇이 바뀌었고 무엇이 그대로인지 비교해보자. 판매는 늘었지만, 인당 구매 금액은 줄어들었을 수도 있고, 매출은 그대로인데 재구매는 늘었을 수도 있다. 매출을 설명할 수 있는 여러 지표를 파악해 다음 시즌을 준비해보자.

지하지 못했기 때문이라는 결론이 나왔다. 기존 고객에게 정보를 제공하는 것과 신규 고객을 유지하는 방법을 고안해야 한다. 홍보 자료를 릴리즈하는 시점과 플랫폼을 별도로 분석해야 할 수도 있다. 플랫폼에 대한 분석은 상시 과제로 두는 것이 좋은데, 플랫폼의 성향이 자주 바뀌지는 않기 때문에 충분한 기간을 두고 모든 플랫폼을 비교하며 분석하는 것이 좋다.

플랫폼별로 언제 홍보를 진행할지 일정을 세워둔다. 너무 오래전에 홍보하면 관심을 잃고, 너무 직전에 공개하면 고객 사이에서 퍼질 만한 시간이 없다.

9. 데이터 기반 의사결정 – 현장의 변화 만들기

이제 실제로 플랫폼별로 홍보와 마케팅 방법을 적용하고, 판매 단위별로 이 효과를 측정해야 한다. 사람들이 어디서부터 흘러 들어왔는지 유입 효과를 분석하는 방법이 사전에 준비되어야 한다. 웹/앱의 경우 추적이 가능할 수 있는데, 오프라인 매장에서 오히려 이런 정보를 얻기 어려운 경우가 생긴다. 이때는 작은 보상을 주는 방법으로 설문조사를 유도할 수도 있다. 오프라인에서 진행하는 설문조사는 아주 짧고 간결해야 한다. 문항이 너무 많으면 고객이 집중력을 잃고 대충 답하게 된다.

10. 데이터 기반 의사결정 – 소비자의 반응 포착하기

새로운 시즌의 제품 판매를 지난 두 시즌과 다시 비교하는 분석을 진행해보자. 적어도 세 개의 시즌이 비교되는 것이며, 인사이트의 적용이 효과적이었는지 아닌지 알 수 있다. 여러 분석 케이스에서 말했듯, 우리가 기획한 대로 효과가 나타나지 않는 경우도 있다. 데이터는 거짓말을 하지 않지만, 해석하는 사람의 주관이 방향성을 흐리는 경우가 얼마든지 있다. 또한 좋은 기획이 꼭 좋은 성과를 내지 못하는 경우도 있는데, 이는 통제할 수 없는 변수 때문이기도 하다. 성공과 실패의 원인을 반드시 다시 한 번 확인해야 또 다음 시즌을 준비할 수 있다. 데이터는 1회 분석이 아니라 지속적인 사고과정의 흐름과 함께함을 잊지 말아야 한다.

소비자의 마음은
모바일이 알고 있다

"내 매장 앞을 스쳐 지나가는 사람들은 얼마나 될까?"

스마트폰은 단순한 휴대전화가 아니라 개인의 금융, 업무, 생체 정보 등이 모두 들어 있다. 이렇게 개인이 활용하는 용도 외에도 모바일을 통해 얻을 수 있는 정보는 다양하다.

휴대전화는 상권의 유동인구를 세는 역할을 할 수 있다. 두 개 이상의 휴대전화를 가지고 다니는 일은 드문 일이므로 한 디바이스를 한 명의 사람으로 간주해 유동인구 집계시 활용하는 방법이다. 통신사 기지국을 중심으로 반경 내 접속자를 지역에 위치한 사람으로 간주해 통계 데이터를 제공하는 일은 다양한 플랫폼에서 이루어지고 있다.

통신사 기지국뿐 아니라 와이파이Wi-Fi 등의 접속 시도 데이터를 통해 디바이스 수를 집계할 수도 있다. 와이파이 기기를 중심으로 반경 내 몇 대의 디바이스가 접속 시도를 했는지 기록하는 것이다. 이렇게 집계한 데이터의 변화를 분석해 유동인구의 증감을 추정할 수 있다.

유동인구의 증감을 살피는 것은 매장 입장에서 매우 중요한 분석 주제다. 당신이 노력하는 것 외의 영역, 즉 당신이 통제할 수 없는 영역을 이해하는 것이 필요하다. 열심히 하기만 하면 방법이 있을 거라고 생각하는 긍정적인 마음은 어느 경우에도 좋으나, 주변 환경의 영향이 얼마나 되는지 이해하는 것도 중요하다.

유동인구의 흐름은 한 개인이나 한 가게의 노력으로 바꾸기 쉽지 않다. 대단한 가게 한 곳이 상권을 먹여 살리는 경우도 있기는 하나, 모든 매장이나 개인이 그렇게 대단한 성과를 내기는 쉽지 않다. 노력하지 않아서 괄목할 만한 성과를 달성하지 못한다는 자책감을 가질 필요는 없다.

유동인구가 증가했는지 감소했는지를 파악하는 것만으로도 매장에서는 점점 더 성장하는 목표치를 만들어갈 수 있다. 유동인구를 파악하는 여러 방법이 있지만, 과거에 진행했던 '골목에서 사람 수를 직접 세는 것'보다는 나은 방법이 있다. 개인이 데이터 수집 서비스를 이용하는 데 비용을 들일 수 없는 상황이라면, 상권 정보보다 통계청에서 제공하는 데이터로 간접적으로라도 데이터를 확인할 수 있다.

1. 데이터 디자인 - 질문하기

우리 매장 앞을 지나가는 유동인구는 얼마나 되는가? 이번 달 매출이 줄어든 것은 유동인구 때문일까? 우리 매장에 고객이 얼마나 들어오고 있을까?

2. 데이터 디자인 - 문장 쪼개기

- **우리 매장 앞을 지나가는**: 지나간다는 것은 바로 근처에 온다는 것인가? 당신이 얻을 수 있는 데이터는 얼마나 자세한 반경 정보를 제공하는가?
- **유동인구는 얼마나 되는가?**: 사람 수를 정확히 알 수 있는가? 아니면, 사람 수라고 가정한 디바이스 수를 집계하는 방식인가? 정확한 사람 수를 알고 싶은가, 아니면 추세만으로도 괜찮

은가?

- **이번 달 매출이 줄어든 것은**: 추세상 최근 1개월 매출이 이전 달보다 감소했는가? 이 추세는 언제부터 시작되었는가?

- **유동인구 때문일까?**: 우리 매장 앞을 지나가는 유동인구는 얼마나 되는가? 이번 달 매출이 줄어든 것은 유동인구 때문일까? 유동인구 중 우리 매장에 들어오는 고객은 얼마나 되는가?

- **우리 매장에 고객이 얼마나 들어오고 있을까?**: 매장에 방문한 고객을 집계할 수 있는 방법이 있는가? 구매자 수로 고객 수를 한정하고 있는가, 아니면 매장 내 방문한 고객 수를 따로 모으고 있는가? 유동인구 대비 매장 방문 고객 지표를 의미하는가?

3. 데이터 디자인 – 데이터 찾기

유동인구 데이터를 구할 경로를 찾아보아야 한다. 공공기관에서 제공하는 데이터, 민간 기업 서비스에서 무료로 확보할 수 있는 데이터를 찾아본다.

내 매장의 방문 고객을 집계하는 방법도 찾아본다. 내 매장의 구매 고객을 알아보려면 영수증 개수를 세면 된다. 그러나 방문 고객 데이터는 쉽게 구할 수 없을지도 모른다. 문이 열리는 횟수도 정확하지 않고, 사람 수를 일일이 세기도 쉽지 않다. 디바이스 수를 기준으로 집계하는 방법도 매장 안팎의 전파가 감지될 수 있기 때문에 정확한 데이터는 아니다. 구할 수 있는 데이터에 한계가 있더라도 안정적으로 추이를 볼 수만 있다면 활용해본다.

4. 데이터 디자인 – 데이터 분석하기

최소한 세 가지 데이터로 단계를 점점 좁혀본다. 유동인구, 매장 방문 고객 수, 구매자 수, 이렇게 세 단계의 퍼널^{Funnel}을 만들어 추이를 살펴보는 것이다. 구매자 수는 매출과 직결되므로 최종 단계는 매출이라고 볼 수도 있다.

퍼널을 만들어 전환율을 관리하는 이유는, 병목현상이 어디에서 일어나는지 알기 위해서다. 그 병목현상을 해결해 최종 단계인 매출을 막는 단계를 알기 위함이다.

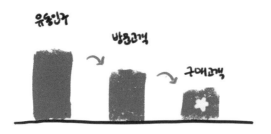

더 많은 단계가 있을 수도 있지만, 유동인구가 매장 앞을 지나가다가 내 매장에 들어오는 비율과 매장에 들어온 고객이 제품을 실제 구매하는 비율을 추적할 수 있다면 병목현상을 관리할 수 있다. 온라인의 경우, 플랫폼에 방문하는 고객, 제품을 장바구니에 담는 고객, 제품을 구매하는 고객 등으로 단계를 나누어볼 수도 있다.

5. 데이터 스토리텔링 – 데이터 퍼즐 맞추기

유동인구가 줄어들고 있다면 내 매장의 노력 여부보다는 전체적인 상권이 죽어가고 있다는 의미일 수도 있다. 상권 회복은 혼자만의 노력으로 어렵다.

유동인구 대비 내 매장에 방문하는 사람 수가 줄어드는 추세라면 내 매장의 매력이 떨어지고 있는 것이다. 그 원인을 파악하는 데 주력해야 한다. 한 달 전부터 감소 추세라면 갑자기 경쟁

업체가 생겼는지, 어떤 변화가 있는지 파악해보아야 한다.

　방문 고객까지는 그대로인데 구매자와 매출이 줄어든 것이라면 구매할 만한 제품이 없거나, 가격이 비싸거나, 구매 시점에 다른 결정을 하도록 만드는 방해 요인이 있는 것이다. 이 중 원인이 무엇인지 파악하는 것이 필요하다.

6. 데이터 스토리텔링 – 변화를 만들 제언하기

상권의 유동인구는 거의 변화하지 않았는데 내 매장의 매출이 줄어들었다고 하자. 지금부터 할 일이 많다. 한 달 전에 무슨 일이 일어났는지 그전부터 추적해보아야 한다. 무엇이 문제가 되었는지 알기 위해서는 일단 모든 변화를 찾아보아야 한다. 변화 자체가 무엇인지 알아야 그 변화가 매출 감소로 이어졌는지 알 수 있기 때문이다. 무조건 외부 탓을 하고 걱정만 해서는 안 된다. 원인을 파악하고 개선하려고 노력해야 할 시점이다.

7. 데이터 스토리텔링 – 데이터에 옷 입히기

이제 극명하게 보여주어야 할 차트를 만들어본다. 중요한 것은 마냥 외부 탓을 할 수 없는 상황임을 자각하는 것이다. 유동인구 자체가 크게 감소했다면, 외부 상권이 회복될 때까지 기회를 어떻게 잡아야 할지 고민해야 한다.

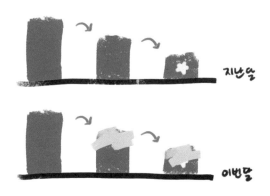

앞서 보았던 유동인구, 방문 고객, 구매 고객 퍼널을 비교해보자. 만약 유동인구는 그대로인데 방문 고객과 구매 고객이 줄었다면? 정말 외부 탓을 하기 어려운 상황이다. 어떤 점이 바뀌었는지 냉철하게 살펴야 한다. 만약 반대로 유동인구가 크게 줄어든 상황이라면 유동인구의 증감과 함께 매출이 떨어질 수 있다.

8. 데이터 기반 의사결정 – 액션 아이템 만들기

한 달 전을 기점으로 매장의 변화를 리스트업하고, 그 중 문제가 되는 것이 무엇인지 파악해야 한다. 매장 내부의 변화라면 회복시켜야 할 부분을 찾아보고 경쟁업체 등장 등의 외부 요인이 있다면 경쟁력을 갖출 수 있는 중장기적인 고민도 필요하다.

9. 데이터 기반 의사결정 – 현장의 변화 만들기

만약 선반 디스플레이 변화 이후 오히려 매출이 감소한 것을 확인했다면, 디스플레이의 어떤 부분이 고객이 구매 결정을 하는 데 걸림돌이 되는지 파악해야 한다.

이제부터 다시 테스트를 해볼 수도 있다. 사람들의 시선이 제일 먼저 닿는 곳에 무엇이 있었는지, 무엇이 다시 생겼는지 확인한다. 디스플레이의 변화가 오히려 고객 동선에 불편을 준 것은 아닌지 직접 초심자의 눈으로 보는 것도 필요하다. 당신이 잘 아는 공간이 아니라 처음 본다는 기분으로 동선 확인을 해보고 사람들의 의견도 들어본다.

10. 데이터 기반 의사결정 – 소비자의 반응 포착하기

바뀌었던 매장 디스플레이로 인해 매장 방문 고객 자체가 줄었다가 다시 변화를 주었는데도 여전히 고객이 늘지 않고 더욱 감소할 수도 있다. 잦은 변화가 기존 고객의 발길을 돌리게 만든 것인지, 신규 고객의 시선을 잡는 데 실패한 것인지 알 수 있다면 또 다른 프로모션 방안을 만들어낼 수 있을 것이다.

데이터 비전문가의 시대,
데이터를 읽고 쓰려면

어디서든 데이터를 분석하고 싶어 하는 사람들을 많이 만난다. 학생, 예술계 종사자, 크고 작은 회사의 대표, 데이터 비전공자 등 다양한 사람이 데이터에 관심을 가지고 있다.

　많은 사람이 데이터에 관심을 갖는 이유를 크게 두 가지로 본다. 첫째, 기술이 발달하면서 데이터가 많아졌으니 그 데이터를 분석하고 싶어지는 것은 당연한 수순이다. 둘째, 이 많아진 데이터에 접근할 수 있는 데이터 비전문가들이 크게 늘었다. 이 데이터 비전문가들이 데이터를 분석할 수 있는 환경이 만들어지고 있고, 기술이 발달할수록 어렵지 않게 데이터 분석 결과를 손에 쥘 수 있는 시대가 올 것이다.

데이터가 없는 사람보다
데이터를 쓸 줄 모르는 사람이 더 많다

기술이 발달하면서 정말 많은 데이터가 손에 쥐어졌다. 우리는 빅데이터와 기술이 일하는 것을 매 순간 보게 되었다. 배달이 크게 늘어난 2021년의 모습을 생각해보면 자신이 있는 곳에서 가까운 매장의 정보를 보고, 주문하고, 결제하고, 배달하는 분의 위치까지 실시간으로 확인할 수 있다. 이 모든 것을 일상적으로 받아들이게 된 사람들이 '눈에 보이는 것은 모두 데이터로 존재할 것'이라고 당연히 여기게 되었다.

자신이 보는 것이 데이터로 존재할 것이라는 생각을 하면서, 사람들은 이런저런 데이터를 볼 수 있느냐는 질문도 많이 한다. 우리가 상상하는 것은 대부분 가능하다. 데이터가 없는 사람보다 데이터를 어떻게 써야 할지 모르는 사람이 더 많은 시대가 되었다. 예전엔 정보가 제한적이었기에 정보를 다루는 것 자체가 힘이 되던 시절이 있었다. 그러나 이제 정보를 얼마나 잘 활용하는지가 더 관건이 되었다(여기서 말하는 정보는 소수의 사람에게 제한적으로 제공되는 비밀 정보의 의미는 아니다).

데이터를 어떻게 써야 할지 모르는 사람들에게, 데이터로 생각하는 10가지 단계를 공유하는 것이 이 책의 목적이다. 통계나 코딩은 시중에 나와 있는 책 한 권만 제대로 독파하면 가닥을 잡을 수 있다고 말해도 과언이 아니다. 무료로 공부할 수 있는 동영상 강의도 얼마든지 찾아볼 수 있다.

그런데 통계나 코딩을 공부한다고 해서 데이터를 내 일에 적용할 수 있는 건 아니다. 마치 영어사전 한 권만 보면 영어 단어를 알 수 있고, 법전만 있으면 법을 알 수 있다고 생각하는 것과 마찬가지다. 그것을 읽고 공부한다고 해서 전문가가 되거나 바로 일상에 적용할 수 있는 건 아니다. 우리가 모르는 것은 통계나 기술 자체일 수도 있지만, 그 활용에 대한 것이 더욱 문제다.

데이터로 생각하는 힘이 더 중요하다

데이터 분야로 전직을 하고 싶거나 데이터를 직접 잘 다루기 위한 사람들의 꿈을 꺾기 위해 하는 이야기가 아니다. 모두가 데이터 전문가가 될 필요는 없다는 것이다.

생각해보면 내 손 안의 휴대전화로 내가 오늘 몇 걸음 걸었는 지, 현재 내가 주문한 음식이 어디까지 배달되었는지 보게 되리 라는 것을 10년 전에는 알 수 없었다. 기술은 데이터를 손쉽게 볼 수 있도록 더 발달할 것이고, 5년이나 10년 뒤엔 또 어떤 발 전이 이루어질지 모른다.

데이터 비전문가들은 현재 다른 분야의 전문가들일 것이다. 지금까지 어떤 분야에 종사를 해왔고, 그 분야에서 경험을 쌓은 그 분야에 대한 관점을 가지고 있는 사람들이다. 그들이 모두 데 이터 전문가가 될 필요는 없다. 데이터로 생각할 수 있는 관점을 확보하는 것이면 충분하다.

데이터로 생각한다는 것은 어려운 데이터를 분석할 수 있어야 한다는 의미가 아니다. 자신의 생각에 확신을 가질 수 있도록 데 이터를 활용하고, 논리적으로 사고한다는 것에 더 가깝다. 그렇 기 때문에 이번 책은 데이터로 사고하는 프로젝트 10단계를 따 라가는 형식으로 구성했다. 이 책을 읽는 분이 데이터로 자신만 의 프로젝트를 발전시키는 데 조금이라도 도움이 되기를 바라는 마음으로, 몇 가지 더 이야기를 해보려고 한다.

조직에 속하지 않은 자영업자 혹은 개인에게

개인이 데이터 프로젝트를 하려고 할 때 가장 어려운 점은 '데이터가 없다'는 것이다. 당연히 있으리라 확신했던 데이터도 구하기가 어렵고, 웹서핑을 하면서 손에 쥐는 데이터가 전부일 때도 있다. 물론 웹에서 엄청난 양의 데이터를 마주할 수 있지만, 자신이 원하는 대로 쓰기 편하게 되어 있는 것은 아니다. 그래서 간접적으로 경험했거나 과거에 경험했던, 유수의 IT 기업에서 발표하는 데이터 분석 케이스와 비교하면서 좌절하거나, 유료로 구매할 수 있었던 편리한 데이터 툴이 없음에 실망하기도 한다.

개인은 '데이터 기반 의사결정'보다는 '데이터 정보 의사결정 Data Informed Decision Making' 해볼 것을 권한다. 데이터 비전문가인 개인에게는 데이터에서 무엇을 발견할 수 있을 만큼 데이터가 충분히 다양하지 않거나, 데이터를 다룰 수 있는 기술이나 경험이 없을 수 있다. 그래서 낱개의 데이터 정보로 자신의 의사결정을 뒷받침하면서 확신하는 것이다. 단순한 검색이라도, 데이터를 가지고 한 번이라도 확인을 해보려고 노력하는 자세라고 볼 수 있다.

개인이 데이터를 검색할 때 사용해볼 만한 무료 사이트는 다음과 같다.

- 구글 트렌드, 네이버 데이터랩 등에서 원하는 단어의 시계열 트렌드를 확인할 수 있다. 거주지역, 연령대, 성별 등의 정보로도 구분해서 볼 수 있다.

- 통계청이나 소상공인마당 등 공공기관에서 제공하는 정보를 볼 수 있다. 자신이 속한 업계가 공공기관 중 어느 부처에 속하는지 생각해보고 검색하는 것이 좋다. 업계 정보뿐 아니라 지역 간 이동, 출입국 정보 등 생각보다 세세한 정보가 공개되어 있다. 자신이 원하는 데이터가 어떤 제목으로 공개되어 있을지 모르니 특정 주제로 검색할 때에는 유사한 다양한 단어를 넣어보자. 개인 자영업자는 소상공인마당 상권 정보를 통해서 다양한 정보를 확인할 수 있다.

- 삼성, LG, 현대, SK 등 사기업 연구소에서도 각종 보고서와 자료를 제공한다. 닐슨, TNS 등 리서치 기업에서도 주제별 보고서를 볼 수 있다. 물론 공공에 공개되는 보고서에는 제한적인 정보가 들어있는 경우가 많지만, 개인이 확인하고 싶은 주제의 개괄을 이해하는 데 도움이 된다.

- 구글이나 네이버 등의 플랫폼에서 검색어를 입력한 후 '학술정보' 카테고리로 확인해보자. 관련 논문이나 전문 정보가 보일 것이다. 흔히 논문이 어렵다고 생각하는데, 논문의 '이론적

배경' 부분에서는 논문 주제에 대한 다양한 참고문헌이 정리되어 있다. 전 세계의 유사한 주제 논문을 훑어보고 요약 및 정리를 해놓은 부분이니, 자신이 알고 싶은 분야의 논문 몇 편의 '이론적 배경'을 읽어보면 비슷한 문헌이 자주 등장할 것이다. 이 공통적인 내용만 확인해도 일일이 낱개의 문헌을 확인하는 어려움을 덜 수 있다.

일반 회사원이자 데이터 비전문가에게

회사 안에 데이터 부서가 있는 경우도 있고, 혹은 데이터 관련 조직을 만들고 있는 단계일 수도 있다. 데이터 전문가들과 협업하기 위해서 자신의 전문성으로 데이터 관점을 가지도록 노력해야 한다.

많은 사람이 데이터 부서에 데이터를 요청하는 일이 많은데, 때로는 자신이 무엇을 알고 무엇을 모르는지 모른 채 질문을 한다는 것을 알 수 있다. 혹은 자신이 무엇을 안다고 확신하지만, 적절하지 않은 데이터를 원할 때도 있다. 데이터를 그저 하나의 표나 차트라고 생각하는 경우도 부지기수다.

데이터로 프로젝트를 진행하고 성과를 내려면 데이터 전문가뿐 아니라 데이터 비전문가, 즉 여러 분야의 전문가들이 힘을 모아야 한다. 데이터만으로는 어떠한 일을 해내기가 쉽지 않다. 기술과 현업의 다양한 전문가들이 함께 성과를 내야만 한다.

자신의 전문 분야에 데이터를 잘 활용하고 싶다면, 데이터 전문가가 있는 부서와 협업할 방법을 꾸준히 논의해보자. 자신이 직접 데이터를 만지고 싶다면, 직접 볼 수 있는 방법을 고민하고 데이터 전문가에 준하는 노력을 해나가면 된다.

첫술에 배부를 수는 없다. 회사 단위의 데이터 개발은 많은 공수와 인력이 드는 일이기도 하다. 조직문화와 관련된 일이고, 데이터가 괜히 자신의 전문성을 훼손하지 않을지 두려워하는 사람도 많다.

자신의 프로젝트에 조금씩 데이터를 끼워넣는 일부터 시작하자. 한 번 더 생각해보고, 이 현상이 왜 일어났는지 의문을 갖고 데이터를 여러 번 확인하자. 의사결정자나 자신이 말하는 문장을 쪼개보고 데이터로 확인할 수 있는지, 질문을 확장해나가는 과정을 통해, 지금까지 데이터로 수행하지 못했던 많은 부분이 나아질 수 있다고 생각한다.

데이터를 잘 쓰고 싶다는 생각만으로 이미 충분하다. 기술은 당신을 지원해줄 것이고, 회사 안 데이터 관련 부서가 함께 일할 것이다. 더 중요한 문제는 데이터를 놓고 열린 토론을 할 수 있느냐와 정말 성과를 내기 위해 모든 사람이 힘을 모으고 있느냐. 이것은 데이터보다 더 앞선 문제이며, 데이터로 일하고 싶은 의사결정자와 개인의 열의가 모이면 해결될 수 있는 문제이기도 하다.

기계가 아무리 똑똑해져도 생각은 인간만이 할 수 있다

데이터로 무엇을 해야 할지 모를 때 자기 생각부터 정리해보자. 정리된 생각과 데이터가 연결될 접점을 찾고 나면 당신의 데이터 프로젝트가 시작될 것이다. 생각과 질문이 정리되지 않은 사람은 아무리 많은 데이터가 있어도 답을 찾기 어렵다. 데이터 자체는 중립적이며 차트가 답을 주지는 않기 때문이다.

시간이 흐를수록 생각을 할 줄 아는 사람이 중요해질 것이다. 데이터가 많아지고 기술이 눈부시게 발달하는 가운데, 그 데이터 안에서 의미를 발견하는 것이 인간 고유의 역할이 될 것이다. 누구나 생각을 할 수 있지만, 누구나 자기 생각을 가지고 있는 것은 아니다. 누구나 데이터를 가질 수 있지만, 누구나 데이터에서 의미를 발견하는 것은 아니다. 생각하는 사람만이 데이터에서 의미를 발견한다.

머신러닝이 발달하고 인공지능에 의해 생활이 좌우되는 시대가 성큼 다가왔다. 그러나 결국 어느 순간에는 인간이 개입해 제품을 디자인하고, 음악을 만들고, 음식의 맛을 판단하고, 어떤 지역에 가게를 열기로 결정한다. 결국은 사람이 어떤 곳으로 여행을 가고, 어떤 교통수단을 선택하고, 누군가를 만나거나 만나지 않기로 결정한다.

이 책을 읽는 분이, 사람만이 할 수 있는 의사결정의 영역에서 데이터의 도움을 충분히 받길 바란다. 데이터로 해볼 수 있는 프로젝트가 사람에게 도움을 주길 기대한다. 별것 아닌 듯한 작은 시도를 통해, 조금이라도 나은 결정을 하기 바란다. 데이터가 사람을 평가하는 것이 아니라, 사람을 위해 데이터가 일하는 것이다. 이 책을 읽는 분들이 데이터를 잘 쓰는 사람들이 되었으면 한다.

따라 하면 끝나는 단계별 데이터 분석 10
데이터 쓰기의 기술

1판 1쇄 발행 2021년 3월 24일
1판 2쇄 발행 2022년 7월 22일

지은이 차현나
펴낸이 고병욱

기획편집실장 윤현주 **책임편집** 장지연 **기획편집** 유나경 조은서
마케팅 이일권 김윤성 김도연 김재욱 이애주 오정민
디자인 공희 진미나 백은주 **외서기획** 김혜은
제작 김기창 **관리** 주동은 조재언 **총무** 문준기 노재경 송민진

펴낸곳 청림출판(주)
등록 제1989-000026호

본사 06048 서울시 강남구 도산대로 38길 11 청림출판(주) (논현동 63)
제2사옥 10881 경기도 파주시 회동길 173 청림아트스페이스 (문발동 518-6)
전화 02-546-4341 **팩스** 02-546-8053
홈페이지 www.chungrim.com
이메일 cr1@chungrim.com
블로그 blog.naver.com/chungrimpub
페이스북 www.facebook.com/chungrimpub

© 차현나, 2021

ISBN 978-89-352-1344-3 03320